LAURA
VAN
DERNOOT
LIPSKY

暢銷書《創傷管理》作者
蘿拉・李普斯基——著

謝汝萱——譯

THE AGE OF OVERWHELM

STRATEGIES FOR THE LONG HAUL

什麼時候心才能不那麼累

與長期的身心壓力和好

獻給米凱拉（Mikaela）與阿莉亞（Aliyah）

推薦序

努力解壓，壓力更大？

——如何更有智慧地照顧自己

蘇益賢

狄更斯說：「這是最好的時代，也是壞的時代；這是智慧的時代，也是愚蠢的時代。」這段話特別適合用來描述現代人與壓力的關係。日新月異的科技大幅提升了人類的生活品質，卻也帶來了許多新的挑戰與難題，甚至惡化了許多早已存在卻懸而未解的困境，大至環境、種族、民生經濟，小至個人工作、家庭與社區議題……劇變社會帶來的壓力，也更常讓人束手無策。

廣泛地說，任何改變都會帶來壓力。健康心理學研究發現，壓力對我們身心造成的影響是非常大的，更是導致諸多身體疾病、心理疾患的重要因子。

為了迎戰每天大大小小的壓力，人類的潛能讓人歎為觀止。為了應付各種壓力，我們又創造了更多科技來應對，形成一種不容易察覺的惡性循環。但人畢竟是肉做的，「我還撐得下去」這句話總有一天，我們再也說不出口；蠟燭多頭燒的狀況若未改善，我們就可能陷入本書所描述的心力交瘁（overwhelm）狀態。

本書詳細討論了我們在心力交瘁時的樣貌、造成我們心力交瘁的原因有哪些。原文使用的 overwhelm 字眼十分到位，這個字既是「制服、擊敗、淹沒」，也意指著讓人「難以承受、不知所措」。

面對各種讓人難以承受的壓力狀態，許多人常常沒有意識到，我們用來讓自己好過一點的紓壓方法，很可能會帶來更多的心力交瘁。

好比，「喝酒解憂愁」常是許多人面對憂煩的方法，躲在酒精世界裡，藉此忘卻煩惱。乍看之下，喝酒確實「暫時」緩解了煩悶。不過實情是，酒精不但無法解憂，反而讓我們將憂愁記得更清楚。但心力交瘁時，我們沒有力氣留意這樣的真相，發現原來「舉杯消愁愁更愁」才是對的。

又或者，在面對各種煩躁時，躲在手機世界也是許多人的首選。開會無聊，滑一下；搭車沒事，滑一下；更別說心情煩悶時，愈是滑到不可收拾。滑手機紓壓有什麼問題嗎？

研究顯示，過度的網路、3C用品使用，會對我們大腦造成不利的影響。原本意圖帶來便利的發明，似乎喧賓奪主，大舉入侵我們的生活。在心力交瘁的時刻，我們反而與網路、手機變得更親密。只是，這真的是有幫助的作法嗎？愈來愈多專家對此表示隱憂。

世上任何問題，都曾經是另一個問題的答案。許多我們原本以為能緩解壓力的作為，反倒在無形中又帶來了更多壓力。

對此難題，本書後半部提出的四個實用解方，都建構在「少」這個基礎上，提醒我們該捨去什麼，又該把心力留在哪些真正對我們有幫助的事物上。以「少」為出發點的提醒與叮嚀，在這什麼都愈來愈「多」的世代，顯得格外珍貴。

除了概念的介紹之外，書裡時不時出現的插圖與圖說，讓人會心一笑。行文之間所引述的名言或話語，也讓作者想討論的觀點變得更為生動與容易理解。

壓力無所不在，心力交瘁更是我們終究得正視與面對的狀態。當然，這不表示我們只能束手無策地交瘁下去。學習相關知識、選擇與應用適當的工具與方法，我們將能有效緩解壓力帶來的威脅，學習與壓力共處，讓心力慢慢回復。

（本文作者為臨床心理師，粉絲專頁「心理師想跟你說」共同創辦人，著有《練習不壓抑》、《練習不快樂》等心理學自助書籍）

推薦序

拿起本書，從心做起

康妮．柏克（Connie Burk）

大約是在二十年前，我第一次上蘿拉．李普斯基的課，當時我建議定期提供免費的瑪芬，心想或許這便足以表達我們機構對這位倡導反家庭暴力的員工的支持。隨後數年下來，蘿拉帶領我接觸許多書籍，讓我了解要如何排解創傷、因應照顧他人為我們帶來的人生磨難。

她論遭遇創傷（trauma exposure）與情緒勞動（emotional labor）的著作，已經將促進個人與集體幸福的相關討論，轉化為達成社會正義的基本要件。沒有哪一個運動、哪一個領域、哪一個業界不受她的研究、見解與敦促影響。我每週都會聽見終止家暴運動的倡導人談到，他們如何依循蘿拉在《創傷管理》及在創傷管理協會的工作提出的方法，從瀕臨心理、精神、身體、情緒崩潰的邊緣全身而退。

我與蘿拉合作已久，在為這些合作和終止家庭、性及國家暴力的運動四處奔走時，我經常碰到人們表現出一種強烈信念，他們相信理想與實務是相持不下的兩極。假如有人加入追求正義的全球行列，想革新技術或換個角度理解世界，或是提出修正世界的願景並付出努力，那個人就會被歸到光譜上的理想派那一端；另一端則被定型為實事求是、強調資源、不說廢話、實幹型的人。有些人不屑與理想派為伍，認為他們不過是不切實際的夢想家，對他們來說，完美永遠是善的敵人；有些人則對實踐派們敬謝不敏，認為他們理念不成熟、自私自利、見樹不見林。不管如何強調或修正，人們執意相信這兩極必定是水火不容——彷彿理想派的目標與實踐派的方法無法在同一個人身上或同一種方法中並存。對我們這些採用務實作法邁向理想目標的人來說，這種有害無利的對立一直很令人頭疼。

當我們竭力應付個人或集體挑戰，或實現抱負時，如何看待讓自己和彼此心力交瘁的經驗，往往最能突顯這種錯誤對立的核心問題所在。

本書研究嚴謹、文筆優美，在蘿拉再及時不過的勸誡中，我們超越了遭遇創傷的問題，討論心力交瘁的整體狀態，這種狀態已吞沒了國內及全球社群中的多數人。

《什麼時候心才能不那麼累》是一座信號塔，讓我們知道實地清點內心的應變資源、明眼評估我們有多少能力處理心力交瘁的感受，既能幫助我們落實對自己、家庭、社群、世界的抱負，更能結合務實的作法。她的指示與提醒確實顯示我們可以解除這種緊張狀態，也必須致力解除，才能重建人生的恆久砥柱。

蘿拉經驗豐富，也不吝分享她在個人與專業領域的經歷，因而讓本書的教誨更活潑有力。蘿拉知道如何充分運用每一分證據。她的研究詳述長久持續的心力交瘁會造成什麼後果，引用我們所需要的脈絡與經驗證據，說明個人能控制什麼、不能控制什麼。她的分析也是深思的題材，而現在正是思考的契機。

過去一年來，我的辦公室面向大街的窗口懸掛著一連串標語，上面寫著：挺身而出，挺身而出，挺身而出。

蘿拉相信我們做得到。我們能挺身而出。我們能投身在自己的本分、行動、藝術、家庭、學校、鄰里、心靈實踐中，長久奮戰。《什麼時候心才能不那麼累》邀請夢想家與建築家，以及所有介於兩者之間的人，拿起本書，從心做起。

（本文作者多年來致力於反暴力運動，是多個有關家庭暴力、心理健康中心等組織的顧問）

「絕望時你做些什麼？」
有人問戴斯蒙・屠圖大主教（Archbishop Desmond Tutu）。
「展現人性。」

CONTENTS 目錄

我們內心都存有一片流放地，承載著我們的罪、我們的慘痛傷口。我們的任務不是把這些排放到世界中，而是在我們心裡轉化。

——阿爾貝・卡繆（Albert Camus），哲學家、作家

導論

雖然男子坐在房間中央，身邊圍繞著幾百位同事，他還是設法用犀利的目光看著我，身體略向前傾，慢條斯理、鄭重其事、極為堅定地說：「我需要妳做的，是給我完全不同於此刻的感受，我不想再和這種感受有任何瓜葛了。」

他不是唯一一個這麼說的人。

雖然我正式投入社會變革、社會正義、環境正義、創傷工作已有三十多年，但有時仍會發現自己不知身在何方。我不是不認得那種狀態，畢竟那種煎熬無疑已經存在了很長一段時間，我是不明白這麼多世人心裡的那種苦、那種絕望、那種心力交瘁的感受，究竟有多深、多廣。我這位同事說話時，身邊的人來自五湖四海，分別代表不同的團體、組織和運動，不過，在屋裡的每個人都能對他的分享產生深刻的共鳴。

我剛開始從事這份工作時，並未料到這種心力交瘁的感受不僅頑強地潛伏在不同領域，更會滲透整個社會。人人都感覺力不從心。家庭被壓垮了。職場、社群、整個體系，都顯得不堪負荷。歷史上的每個時代都有各自的挑戰，今日人們眼中流露出的某種目光，促使我將本書獻給活在心力交瘁狀態下的人，不論他們是有時感覺如此，還是時時有這種感受。

人類無法在心力交瘁的狀態下享受生活。假如你讀到這本書，你很可能正處在持續感覺力不從心的心理狀態中——不論你是拚命想改變什麼，卻不覺得自己有能力改變，還是你在試著補救情況，正需要有人伸出援手。有些人對這個主題有興趣，是因為日常生活正給你很多壓力，威脅到你的身心健康。也許是你的家庭生活不順心、身體健康每況愈下。有些人受這個主題吸引，是因為你要照料家人或親友。還有一些人則是想挺身而出，為社群服務。有些人仍是學生，而學校生活本身很可能充滿挑戰。有些人想獲得社區和國家體系的支持、認可或正義，卻只落得精疲力竭。其他人來讀本書，則是因為工作，有可能是你的職場結構激發了人的欲望，或是工作讓你壓力纏身，或兩者皆有。對有些人來說，你感覺疲憊不堪是因為上述因素的種種結合。這種感覺似乎無所不在——這股絕望的感受正從整個社會升起。無論起因是什麼，心力交瘁及其對你的專注力、處世能力的影響，都很可能讓你無所適從，甚至虛弱不已。

我投入創傷前線工作、從事系統性壓迫與解放理論的教學這麼多年來，有個問題總是反覆出現。從小型非營利組織到大醫院，從監獄到野生動物保育團體，從政治組

"Fear and loathing about the future have shaken me to the very core of my being. What's good for that?"

「對未來的恐懼與厭惡，已經動搖了我的生命核心。這有藥可醫嗎？」

織辦公室到常春藤盟校，從臉書到五角大廈，來自世界各地不同職場的人，無不問我這個問題，內容大同小異。人們提問時正面臨個人與專業挑戰，家人要彼此照顧，軍人要退役回家，勝選的官員要擔起治理工作，志工要實現承諾，神職人員要找聖堂的所在地。正在想辦法找青春期和往後出路的無數名青少年和年輕人，也問同樣的問題：「我該怎麼辦？」

我想答案就是採取行動，而且往往少即是多。雖然本書會強烈建議你採取行動來協助自己長久奮戰，但我向你保證，你不需要去做任何可能令你恐懼的事。我的用意不在加重你的負擔，讓你的待辦事項變得更多，只是要提醒你，你有很多選項。請你任意翻到你覺得最能幫上忙的那一頁——無論你感興趣的是了解我們是如何走到這一步、心力交瘁的潛在陷阱是什麼，還是你正在尋找具體的行動步驟。假如那一節讀起來壓力太大，請看完插圖後就跳到下一節。此外，還是那句老話，多休息。動筆寫書好幾個月後的一個下午，我的女兒們走到我身邊，一語不發地把一枝亮晶晶的白色新鉛筆抛到我腿上，筆身刻著這些字：「下班吧。去外頭走走。」

> 我知道世界傷痕累累，血流不止，雖然不要忽略世人的傷痛很重要，但不向世間的惡意低頭也很要緊。
>
> ——童妮・摩里森（Toni Morrison），作家

尋找出路

至於要如何紓解日久年深的不堪負荷感，得分成細項討論。我從個人生活和多年

來幾萬名同僚身上學到一件事，那就是要好好留意哪些事在自己的掌控中、哪些事則不在，明白要如何實事求是地面對事實，才能減輕傷害，養成我們的能力，得以合宜、公正，採取完善的行動。

當然，萬物都是相關的。我有莫大的榮幸成為一行禪師的弟子。他不斷提起的一件事是「相即」（interbeing）的本質：世間萬物都有深層的關聯。不論是大事或小功，我們都有責任為系統性的改變奉獻心力，變化才得以發生。我們要負起很多重擔。但為了有效付出，立下一切行動的基礎並支持自己長久奮戰，我們必須同時照顧好自己。

如果我們沒有照顧好自己，不堪負荷的感受就會在內心生根，我們也就無法熟練地付出，使出全力來促進外界改變。促進改變的行動力、權威、力量泉源，也都在我們內心。撰寫本書期間，我在威斯康辛大學遇見蘿賓．郭曼博士（Dr. Robin Goldman）。當我問到神經科學研究目前給她最大的啟發是什麼，她沉吟了一會兒後說：「了解到我們有能力做出改變。」

掌控得了和掌控不了的事

我們愈是強烈意識到不知所措的感覺進駐，就愈是必須專心，極力為自己提出一份計畫。我們感到心力交瘁時，一定要、絕對要設法排解代謝，從內心轉化那股升起的感受。否則，這種感受便會侵蝕我們，或是令我們傷害外人，或是傷人傷己。詩人暨行動家奧黛・蘿德（Audre Lorde）寫道：「關心自己不是放縱，而是自衛，那是政治戰中的一項行動。」改變從以下這兩點出發：

- 以集體之力能掌控什麼？
- 憑一己之力能掌控什麼？

在集體能掌控的範圍內，我們能促成勞力條件、環境復育、支持家庭等更多問題的大幅改變。要培養集體的掌控力，需要大規模的學習與組織，包括我們看成是政治的領域——我們正是透過政治來協調社會中相互牴觸的利益與觀點。民主是群眾集體力的一個答案。但就像我的朋友及同志康妮・柏克說的：「我們必須在個人掌控範圍內充分振作，才能有效地挺身而出，發揮集體掌控力。」

人心是民主的第一個家。我們在這裡接納自己的問題。我們做得到公正嗎？我們做得到寬宏大量嗎？我們做得到以整個生命聆聽，不只是用心智分析、提出意見，更能付出注意力來關心嗎？我們有足夠的決心，能夠不停鞭策自己勇敢行動，永遠不放棄，請我們的公民同胞加入我們，毅然決然地追求民主的命脈嗎？

——泰莉・坦貝斯特・威廉斯（Terry Tempest Williams），
作家、社會行動家

生命中個人掌控不了的事數也數不清。我們的宗教觀、心靈取向、人生哲學不同，對哪些事情掌控不了的看法也不同——事物不在掌控中是令人寬慰還是焦慮，看法也不盡相同。但大多數人都會同意，人生中掌握不了的事多如牛毛。一開始就乾脆地承認這點是有幫助的。

有時候，承認事情不在自己掌控中會帶來一種解脫感，就像是「呼！再會吧！謝謝你告訴我事情不在我的掌控中」。但放手不管往往是說來容易做來難，因為有時事

*"Pillows for sleeping on are downstairs.
These are all for screaming into."*

「睡覺用的枕頭在樓下。
這些是用來蒙住尖叫的。」

情不在掌控中會教人難受不已。在那種情況下，我們可以將焦點放在：在這件事情中，我能做些什麼，才能消除或減少傷害？接著，最重要的是：我要怎樣才幫得上忙？

然後，生活中也有林林總總自己能掌控的事。在生涯的某個階段，我曾把在社區工作會問的核心問題，從「你覺得工作和生活如何影響了自己？」換成「你愛的人希望我知道什麼？他們會如何描述他們與你的關係？」我總是向人們保證，你我都很清楚，你所愛之人的一切說法當然都沒有證據。我鼓勵他們坦然告訴我，自己的辯詞是什麼。不管我面對的團體對第一個問題反應有多安靜，我提出第二個問題時，他們鐵定會打開話匣子。我想這有一部分是因為，人們有可能太過注意個人無法掌控的事，但我們所愛的人往往能幫助我們釐清自己。「是的，但儘管如此……這一點在你身上還是沒有改變，對我倆都造成了傷害。」我協助一群警員時，警官向我描述工作變得如何艱難，令人心力交瘁。有幾位還透露了一些他們察覺到的事，一會兒後，一位警官接著分享：「我太太最近告訴我：『你知道嗎……我結婚的對象不是個混球，但你看看我們落得什麼下場。』」

> 人們旅行是為了讚嘆高山的巍峨、浪濤的澎湃、河川的綿長、海洋的壯闊、星辰的周遊……但他們只有走馬看花，沒有讚嘆不已。
>
> ——聖奧古斯丁（Saint Augustine of Hippo），神學家、哲學家

我們也許很難客觀承認自己能掌控某些因素，特別是情況有可能在下一分鐘或下個鐘頭就變樣的時候。我們在幼童教育中常會提到「情緒波動大」（big feelings），或許我們有時候情緒波動會比較大，這時要專心凝聚洞察力，可能就要對自己坦承不諱，但又不要太苛求自己。無論我們對自己能掌控的情況和過去掌握情況的經驗怎麼想，絕不能因為不自在而分心。心理學家瑞克．韓森（Dr. Rick Hanson）告訴我們：

"You have a lot of boring health issues, so I'm prescribing medical marijuana for myself."

「你的健康問題都很老掉牙，
所以我要給自己開醫療用的大麻。」

「發展自遠古時期的大腦情感中樞，反應速度會比晚近發展的邏輯中樞快兩秒，所以請稍待片刻，等你腦子裡的所有資源都就緒後再說。」

要練就操控本能的能力，理出有建樹的出路，是一輩子的事，世界各地都有這種尋找出路的傳統。但你不需要花一輩子的時間尋找因應策略。我女兒心情低落時還是能進退得宜，我發現她比我更懂得維持這種平衡時，心裡尷尬萬分。當時我們家正在激烈辯論一件事，人人火氣十足，這時我聽見她用年輕得不可思議的聲音說：「我只需要一分鐘。」我們都停了下來。她哪兒也沒去，似乎也沒做什麼事。她還這麼小，我不確定她究竟能不能清楚表達自己的思緒——但她做到了，我們也做到了，於是接下來的討論……文明了許多。女兒們進入青春期後，我更能清楚看出她們是如何以有建樹的作法平衡當下的感受：花一秒鐘從背包拿出嚼了一半的零食，搖下車窗，或是走到狗狗身邊拍拍牠。她們提醒了我討論心力交瘁時極關鍵的事：無論我們面對什麼難關，對眼前的情勢怎麼想，我們依舊做得到妥善地待人接物。如果現在我們做得不夠好，便必須立刻停下來，從頭做起。

胸有成竹地回應

有時你不用半秒鐘便能胸有成竹地回應眼前的問題，有時則要磨好幾年才找得出健全的因應之道，但我們會一再回頭強調這個事實：我們手邊還是有選擇的，也有責任做出選擇（選擇你要用哪種心情面對：你可以心甘情願地接受，也可以不情不願地容忍）。儘管社會壓力、肩上的責任、生活的環境脈絡等影響我們甚深，我們終究還是能決定自己在每一刻要怎麼想、怎麼說、怎麼做。而那些分分秒秒（鋪展開來便成為我們的人生，我們是站在諸多先人和巨擘的肩膀上學習）、那些為自己（有時是替家人或自己人）做出抉擇的大小時刻，長久下來將帶來解放。作家瓊・蒂蒂安（Joan Didion）說：「樂於為自己的人生承擔責任，便是我們自尊的來源。」

只要我們辨別得出來，哪些導致身心俱疲的情況是自己能掌控的，便能詢問自己：

- 我是要繼續歹戲拖棚，還是改變情勢？（當然，也要了解不管做出什麼抉擇，後果都要自行承擔）
- 我能做什麼來消除或減輕傷害？
- 我能做什麼有幫助的事？

我鄰居的老闆在面對這種狀況時的處理方法令我折服。蓋茲基金會（Gates Foundation）有提供一年的育嬰假，我的鄰居就在那裡位居高職，身膺無數重任。到了必須告訴老闆自己懷孕的時候，她坦誠相告，並表明她預計什麼時候要開始請一年假。他認真聽完，低頭深深吸了一口氣，接著抬頭重新迎向她的目光，真心微笑著說：「恭喜妳，我真為妳高興。」

專心思考自己做得到什麼，比去想自己做不到什麼更能帶來難以言喻的力量，也保住了你的尊嚴。作者麥爾坎・葛拉威爾（Malcolm Gladwell）說過維農・喬丹（Vernon Jordan）和其他民權運動律師的故事：一九六一年，他們在喬治亞州為一位年輕黑人辯護時，每天都會碰見老頑固和不間斷的刁難。每天中午，當法官、對方律師、法庭官員在只准白人進入的廣場餐廳用餐時，他們就坐在停在法院外頭的車子裡，吃著波隆那香腸三明治。有一天，一位安靜的女士在法院前廳向喬丹招手，請他捨棄三明治，到她家用餐。她和鄰居們精心準備了一桌餐點。喬丹回憶，女士的丈夫做餐前禱告時說：「主啊，我們在塔特納爾郡無法參加全國有色人種協進會，但感謝祢的豐厚恩澤，我們才能在這裡請協進會的律師用餐。」

任何選擇受限於可用選項。我們再怎麼設法（或不設法）讓選項更公平、更人性、更正義或更容易取得，過程中都得做出各種抉擇。勞工領袖暨民權運動者桃樂絲・韋爾塔（Dolores Huerta）說：「每一刻都是一次組織動員的時機，每個人都是一個潛在的行動家，每一分鐘都是一個改變世界的機會。」我們要好好記住，我們所做的各種選擇有可能會相互拉鋸。這可能會造成內部與外部後果。我們可以選擇設法減輕內心傷害，但別人未必能贊同、理解，甚至尊重我們的決定。我想人人都能回想起人生中確實有那麼一兩次，我們出於自保或自尊而採取個人行動，但並未傷害到任何人。儘管如此，還是會有人覺得我們的決定帶來了麻煩，冒犯了彼此的關係，或有違他們對我們的觀感。這種時候，把眼光放遠是有幫助的。不要只看著水面漣漪，更要關注寧靜的湖底。

我們愈是懂得培養個人動因，就愈了解細心疏導能幫助我們與心力交瘁保持距離，或是讓重擔從消耗身心的崩潰感，變成一顆你我都熟悉的小絆腳石。但就算人生境遇令人喘不過氣，我們還是能學習與困境共處，而不感覺身心俱疲。重點便在這裡：你是要學習和不堪負荷的感受共處，還是要讓那種感受束縛你、箝制你？

種族隔離政策和種族大屠殺的倖存者、戰俘、刑求的活口所做的無數個人陳述，提醒我們雖然外在境遇會剝奪許多事物，但我們永遠都能保有最深的自我。來自南非開普敦的努爾．亞伯罕（Noor Ebrahim）童年時親眼目睹自己的家和社區被夷為平地。當時他住在歡迎移民、商人、解放的黑奴、勞工和工匠入住的開普敦第六區。家族到他已經是第四代。但一九六〇和七〇年代，南非通過了無數個可悲的種族隔離法案，其中一條法案要強制六萬多位居民遷離家鄉——於是第六區就這麼被推土機夷平。過了近四十年後，如今努爾在第六區博物館任職，協助觀眾了解當年的種種暴行。他講自己的故事給我聽時，我們正站在一片從地板延伸到天花板、全由搶救回來的廢棄路標組成的展示品前。努爾解釋，實施種族隔離制度的國民黨政府嚴格下令必須徹底毀掉第六區的一切，半樣東西都不留，但有一位推土機司機，他雖然不得不依令行事，卻偷偷藏起了一個個路標，最終盡一己之力，保住了他能蒐集到的一切。他把東西藏在自家地下室多年，後來悉數捐出，提醒人們那種殘暴造成的苦難，也提醒人們，信念能帶來勇氣——藉以向南非同胞的尊嚴致敬。

對一些倖存者來說，保有內心最深處的自我，意味著持續從施予中獲得喜悅。對其他人來說，則意味著永遠不失去幽默感。還有些人會談到不要讓仇恨滲入心裡，即便對方追捕過自己，也不要恨他們。這些倖存者的故事顯示，寬大、喜悅與同情是保有自我不可或缺的要素。在這同時，我們當然也有自身的例子可說。人們問我「妳在哪裡高就」時，我已經學到要含糊其辭。一回在旅途中，一位非要打破沙鍋問到底的計程車司機終於問出了我的工作，他接著提起自己暴虐成性的父親，講述他身為大家長為整個大家族留下的百般苦難。話說到一半，他停了半晌，又接著說：「對那種傢伙，你只能覺得同情。」

我不再相信我們竟還能說，自己完全無能為力。我們造出了自己居住的世界，就必須去改善它。

——詹姆斯・鮑德溫（James Baldwin），作家

加行

不管在哪個層次，為了繼續挺身而出並堅持到底，我們需要盡力排解心中升起的疲憊感，轉化為其他力量。再說一次，面對不堪負荷的狀態時，要從根本訂下這兩個目標來啟迪自己：我要怎麼做才能避免造成傷害？還有，不管我的對象是誰，我要如何更善巧地、更有智慧地奉獻心力？每天都要這樣衡量進退。

在佛教傳統中，有時會稱此為加行（creating conditions）。因此，不但個人能掌控事態時絕對要這麼做，儘管事情不在個人或公眾掌控下，這種功課也會督促我們預先準備，以緩解煎熬，邁向正語、正行、正業。為了保持在巔峰狀態，我們必須繼續努力，盡可能地沉住氣、泰然自若。蘇非派詩人哈菲茲（Hafiz）寫道：「做大事。親愛的，永遠要做大事。」

無論我們的經驗有多傷人，我們還沒添加嫌惡或恨意的反應前，都只是傷人的經驗。洞悉這點能夠扭轉我們平常看待人生的方式。「通常，」阿姜查（Ajahn Chah）說，「我們相信是外在問題攻擊我們。」煎熬是從那一刻才升起。假如我們的反應是仇恨與嫌惡，這些特質就會變成習慣。這種受到誤導的仇恨反應就像失衡的自體免疫反應，不再能保護我們，反而成為我們持續不快樂的根源。

建立自覺，是我們面對痛苦與恐懼的健康反應……我們可以訓練自己察覺感官經驗與其後反應之間的縫隙。我們可以介入本能與行動、衝動與反應之間的空間。

——傑克・康菲爾德（Jack Kornfield），作家、教師

在以下各章中，我們會深入探討心力交瘁的各項成因：我們個人無力掌控的事、我們能掌控的事，還有究竟該如何因應各種情況。當我探究造成個人與群體的壓力與緊張的各層因素，包括在地的、國家的、國際的，才發現這些因素無所不包，從表觀遺傳學、我們的健康、系統性與世代間的壓迫與創傷，到我們的家庭、社群、學校、職場關係，以及我們的環境（經濟、氣候危機、社會結構、世界大事）。這些因素在在助長了我們內心的心力交瘁感。而對於每樣因素，我們都可以問自己：我是如何助長了這種情況，又要如何反應？我了解自己和他人要為這種情況付出多少代價嗎？我現在做的事是加重或減輕負擔，還是能轉化事態？

這年頭人們似乎隨時都在整裝準備大戰，卻僅是為了生存而已。經過一天的勞苦，我們慢吞吞地走向前門，那個時候我們都成了踏上巔峰的洛基，克服了登頂的最後一步：「我只是一個人／帶著求生／的意志！」我們意氣風發地把耳機刷地拿下。我們辦到了！離死亡又更近一步！

——阿曼達・裴特魯西奇（Amanda Petrusich），記者、作家

我從自己的人生與工作中發現一種痛苦的平衡，一方面因為被承認、被肯定、被認可而感到寬慰，另一方面卻又不想要只是憐憫與同理，而更想要採取實際的行動計畫，因而令你心急如焚。獲得認可或許是在了解這些境況必須付出什麼代價時的重要考量，但為眼前的困境採取行動，這種效能（efficacy）往往才能帶來最深入人心的安慰。很多人或許會覺得兩者在彼此拉鋸，甚至互相矛盾，但兩者其實沒有衝突。就我的經驗，你會在停下來、觀察、理解、尋找出路之間來回擺盪。我們或許必須考慮事情的輕重緩急。尋找出路不是變得麻木不仁，只顧著迅速採取一連串行動步驟，或讓自己迷失在一切必要的任務中。為自己爭取餘裕有時能幫上大忙，同時也要了解，存在與作為並不彼此排斥——不過必須步步為營這點，不適合容易膽戰心搖的人。

我的朋友傑·沃德（Jay Ward）曾深入談過這點，他描述在弟弟遭殺害的餘波中，那股錐心之痛如何從數天延續到好幾個星期，在上下顛倒的世界中蔓延又收斂。亞當·沃德（Adam Ward）是電視新聞攝影師，他和一位記者同事在一場充滿惡意的恐怖槍擊案中喪生，全程直播在電視上。在短得令人措手不及的時間裡，很多人、很多聲援組織和媒體開始追著傑和他的家人跑，希望他們公開發言，儘管他們沒有意願，卻別無選擇——傑和家人當時都還在拚命理解為什麼會發生這種悲劇。失去弟弟幾天、幾個星期到幾年後，傑開始覺得他不得不保護自己（和家人）私下哀悼的空間，同時仍要公開倡導槍枝的安全管制。他們持續穿梭於生存與有所作為之間，在那個不堪碰觸、痛苦的空間中奮鬥。

儘管你從未遭遇這麼大的傷痛，還是有可能對傑的體驗產生共鳴。身為人，我們可能都很清楚，問完「發生了什麼事？」之後，接著就很容易問「我要如何因應？」多年來，我陪著很多人咬牙度過他們深陷的不幸，甚至悲劇。他們都為長期的挑戰和當下的心碎全力振作。在本書中，我將以最深的敬意分享他們的故事，分享我觀察其中的模式與實踐的心得，從而獲得有益我們每個人的教誨，讓我們知道面對心力交瘁的感受時，能如何具體應對。

你可以想像，雖然本書可以長篇大論，探索一切應對心力交瘁的方式，但我們也承認大多數人缺乏時間、資源、能力來閱讀。因此，本書（就像其中的內容）是以「少即是多」的架構為宗旨。對於我忽略的一切……我在此致歉。我也招認你可能已經深知本書大部分內容，甚至全部內容。就如娥蘇拉・勒瑰恩（Ursula K. Le Guin）說的：「表達不同於揭露。」

第1章

心力交瘁是什麼感受？

「你變成酒鬼的機率比較高。你很有可能會離婚。也許你會考慮、企圖或真的自殺。」

胡說八道。當時我才剛進州立警察學院，在教室裡聽到有人這樣談遭遇創傷的風險，我的當下反應是斥為無稽之談。不可能是我。我隔壁排那個安靜的傢伙才有可能，但絕不是我。我神智清醒得很。就這樣。

我以第一名的成績從基礎警察課程畢業，認真值勤幾年後，我獲准執行特別團體任務。一切看似平步青雲。然後，我的人生就在一間雜貨店裡停了下來。

那天是星期五晚上，我正要開始過週末。我會到雜貨店買一袋洋芋片和我心愛的啤酒。頂多待三分鐘。我走向「十件以下」的快速結帳櫃台時，一名男子推著車越過了我。晚點結帳罷了，沒什麼大不了。但我數完他推車裡的物品後，立刻就改觀了。你這狗娘養的！你的推車裡有十二樣東西！你是不會讀標示嗎？你不知道我們社會是有共同規則要遵守的嗎？你這是浪費我的時間。深呼吸。深吸一口氣，算了吧。等等……你剛才是不是把一大疊折價券拿出來，一張一張慢慢找？真令人不敢相信，你這混球！我想像你在櫃台掏出槍，要收銀員拿錢出來。綠燈閃了。我流暢地丟下啤酒，拉起上衣，從右後方口袋拔出克拉克手槍，近距離把滿滿兩輪子彈送進你的太陽穴，看著你倒在地板上，了無生氣。

我在車裡足足坐了十分鐘才開得了車。我的手還因為憤怒而顫抖。奇怪的是，我心裡很滿意這幕替天行道的幻想劇。我失去了理智。就為了購物車裡的十二樣東西。

現在呢？大部分時間我都泡在威士忌酒瓶裡，我的婚姻破裂，還差一個月就二十五週年了。我從來沒有考慮過，更不要說嘗試自殺。但我已經不再能保證沒有這種可能了。

——警員

心力交瘁的狀態有很多層次。這是漸進發展的。事實上，我們多數人對自己的經歷都會感到某種程度的心力交瘁，這是自然反應——也許是偶爾信心動搖、情緒波動變得頻繁，或是連續數天感到絕望緊緊抓著你。在談到中國異議作家徐洪慈的一篇文章中，作家暨記者歐逸文（Evan Osnos）寫道：「在一個國家的生命中，暴政究竟是從哪一刻開始掌權？幾乎不可能是一下子出現的；它像黃昏般來臨，一開始眼睛還能適應。」心力交瘁的感受也是這樣緩緩降臨。它像黃昏般到來，剛開始你的眼睛會慢慢適應，哪知道天色就這樣暗了下來。

個人的心力交瘁

心力交瘁的感受有可能以形形色色的面貌浮現在個人自我中。二〇一五年《富比士》對全球將近三千名受試者進行的一項調查顯示，有一四%的人說他們長期感受到心力交瘁。依據世界衛生組織二〇一七年的報告，「憂鬱是世界各地人們健康惡化和失能的主要因素。」

心力交瘁的徵兆出現得很早。這種情況在學校似乎特別盛行，我從學生口中會反覆聽見這樣的話：「我壓力大到受不了。」不幸的是，研究也支持這個論點。二〇一

"I feel tremendous pressure to frolic."

「要打打鬧鬧，壓力好大喔。」

七年，一篇名為〈為何美國青少年比以往更受嚴重焦慮之苦？〉的文章中，作者畢諾特・丹尼澤特—路易斯（Benoit Denizet-Lewis）指出：「過去這十年來，因為自殺而進醫院的青少年增加了一倍，每年秋天新學期開始後不久，自殺的比率最高。美國大學健康協會（American College Health Association）的年度學生調查顯示，大學生感覺前一年『焦慮到心力交瘁』的比率，從二〇一一年的五〇%大幅上升到二〇一六年的六二%。」

職場的情況也好不到哪兒去。我永遠忘不了自己獲邀在員工會議中，為一群可能感覺工作不堪負荷的員工進行諮詢時，看著一位年輕男子汨汨落淚的情景。他終於開口時，只輕輕地說：「我覺得每天我都必須抹殺一部分的自己才能繼續工作。每一天都是如此。」

不論起因是什麼，個人感覺心力交瘁時所面臨的一個重要難關，便是意識到自己確實心力交瘁，對他們來說，要產生或維持這種自覺困難得不可思議。如果我們能持續且確實地洞察自己的感受，這裡的對話也將完全改觀，但對我們大多數人來說，事情不是如此。從偶爾湧上力不從心的浪潮（在那之後，你便重新上路），到多年來一直要保持自己不滅頂，不堪負荷的發展幅度很廣。你也可能在百無聊賴的某一刻驟然頓悟——意會到自己早已心力交瘁，或是體認到當下無事一身輕的感受，揭露了一直以來你有多疲憊。

有一次我俯身親吻睡夢中的孩子時，就體認到這一點，我當下的感受是：「我現在並不會感覺心好累。」但我一起身，長年的重擔就再度落到身上。我回想起十三歲那年，母親過世的那天下午。我在屋外的人行道上，我們那體貼得不可思議又酷極了的孩子王穿過聚集的幾個人走向我。她先是給我一個不求回應的大擁抱，接著往後退一步，抓著我的肩膀，直視我的眼睛說：「妳很震驚。這種感覺可能會持續一陣子，但沒關係。這種時候本來就會有這種感受。妳沒事的。」那幾分鐘情景至今依舊歷歷在目，啟發了我多年來獲邀幫助他人而進行的無數對話。在心力交瘁的感受驟然湧上的那一刻打破孤立，或在心力交瘁縈繞多年的期間頻頻打破孤立，可能是一份真正的禮物。有時你需要做的只是幫助他們承認，這就是心力交瘁的感受。

有時直到心力交瘁的感受爆發之前，你根本不知道自己會受傷多深。我還記得自己曾和一群高中教育工作者開會，希望為父親意外驟逝的一位年輕家庭友人提供持續的支持。我們花了數個鐘頭研擬行動步驟，一步步慢慢前進。會開到一半，一位教育工作者停了半晌，滿室的人跟著安靜下來，這時她說：「當然，就在這一刻，那一家人連自己失去了多少都還不清楚。」

我們在災禍中也頻頻見到這種情形。你當然明白那是一場災難性事件，但心力交瘁的步步煎熬是很令人心碎的。前白宮副幕僚長艾莉莎・羅莫納科（Alyssa Mastromonaco）也談過這一點，她指出政府有效力的回應對大規模的心力交瘁狀態非常重要。哈維颶風離開數天後，她說：「人們現在很高興自己活了下來，也很高興知道家人都沒事。但我不知道，也許幾天後……或者任何一天……人們就會開始覺得：『我的生活到哪兒去了？我想回家！』」

身體會記錄一切：假如創傷的記憶會成為內臟的編碼，化成心碎、斷腸的情緒，造成自體免疫失調和骨骼／肌肉問題，假如心／腦／內臟的傳輸又是調節情感的康莊大道，那麼我們便必須徹底改變我們對治療的種種假設……復

第 1 章
心力交瘁是什麼感受？

"You come home to find me eating beans from a giant can. How do you think my day went?"

「你回來發現我抱著大罐頭吃豆子。那你覺得我這一天過得如何？」

原的挑戰在於重建你對自己的身體、心智的主導權——也就是重建自我。這意味著自由自在地去了解、去感受，不再覺得心力交瘁、憤怒、慚愧或崩潰。

——貝塞爾．范德寇博士（Dr. Bessel van der Kolk），波士頓創傷中心（The Trauma Center）創辦人及醫療主任

提升自覺，辨別自己是在心力交瘁的哪個階段，正是本書的一個目標。一位同事告訴我，她從來不曉得自己的內心掙扎也表現在臉上，直到她的小孩告訴她：「媽咪，妳的臉怎麼了？」

我還是很驚訝有時我早已身心俱疲，自己卻渾然不覺。我曾坐在特別喧鬧的那一區看女兒打籃球。當時我受託忙於幾宗校園與社區槍擊案，正持續與遭遇喪親之痛的人會面。我知道自己很累，但直到球賽第一節開始沒多久，有些特別吵的粉絲一見有人投籃就大喊：「你看他射籃了！」我才意會到自己有多煩躁。我感覺自己心跳得愈來愈快，火氣愈來愈大。我試著安撫自己，把學過的身體基礎訓練統統做過一遍。但比賽進行到第二節，我已經走到雖看得見球場，但離得愈遠愈好的地方去了。有時我們的神經系統開始起作用時，要冷靜下來是難上加難。我想那天晚上很多人上床時腦海會閃過三分球和絕佳防禦的片段。至於我，那句「你看他射籃了！」的回音在我耳邊繚繞不去，幾天後才消失。

在人際關係與家庭中的力不從心

有鑑於多數人擅長把自己的人生描繪成「一切安好」，人人又有意無意地在社交媒體上進行激烈無比的自我行銷戰，我們的關係與家庭是不是到了不堪負荷的地步，有時不容易評估。社交媒體是複雜的平台，給予我們所有能表達自己、在線上交流的

"With four or more kids' meals, you get a shot of bourbon."

「買套餐給四個以上的孩子，就送一瓶波旁威士忌酒。」

機會，有數不盡的好處。話雖如此，別人從表面看來似乎完美無瑕的人生，私底下當然未必那麼值得見光。也有不少證據指出，當別人週六晚上、假日似乎都出外作樂，有人人稱羨的伴侶，養出有史以來最出色的孩子，人們（不分長幼）也感覺愈來愈孤立，心情愈來愈低落。社交媒體也不是讓你覺得必須為外界觀眾上演完美人生的唯一推手。從和鄰居或教區的某個上等人家較勁帶來的典型壓力，到國家虎視眈眈地盯著移民、難民、國宅居民、需要社區服務的人，活出符合外界期望的人生，可能要付出難以言喻的代價。

世代挑戰永遠存在，而且代代相傳。舉例來說，依據高特曼學院（The

Gottman Institute）的研究，「六七％的伴侶在寶寶出生的頭三年，歷經了關係滿意度的急劇下降。」隨著年紀漸長，關係與家庭生活的複雜度往往也跟著提高。提供團體諮詢時，人們最常和我分享的一件事情是，要努力平衡自己的生活和／或孩子的生活，同時也要照顧年長的父母、不順遂的手足或家裡其他有需要的成員，實在讓他們力不從心。此外，在我有幸接觸年輕人的這三十多年中，近年我也目睹他們與彼此、家人、人生中其他成人的關係，籠罩著我從未見過的龐大壓力與複雜程度。對成長於今日社會的年輕人來說，要和養育他們的成年人相處實屬不易。有些人特別沒有安全感，可能是因為你的親友是出生在另一個國家，不同於你所出生與成長的國家，也可能是因為養育你的人不認同你的性傾向或性別身分，讓你不僅覺得在世上無依無靠，往往也無法與同在一個屋簷下的人分享心情。

在社區與社會中的不堪負荷

最後，我們也看見社區與社會的沉重負荷，小則顛顛簸簸，大則產生裂痕，即將解體。無論原因是出在環境挑戰，或是人類引起的事件，我們都不能低估自己活在被

"The parking is terrible, so we decided to never do anything again."

「車子難停得不得了，所以我們決定再也不出門了。」

壓垮的社區或社會中，會帶給自己何種影響。

在我居住的地方，放眼望去到處都是豐富壯麗的大自然景觀，環境正義也是我的一大興趣。我認識許多在這個領域工作的人——他們對工作的熱忱令人敬佩，他們肩上的責任也非常繁重。有些團體正為了可再生能源與永續飲食奮鬥，有些則竭力遏止海洋酸化與有毒廢棄物汙染。「戶外非洲」（Outdoor Afro）、「山路團隊」（The Trail Posse）等組織也公開挑戰流行文化中，認為非白人不愛大型戶外活動的虛構謊言。對這些社群中的人來說，他們人生課題的壓力很重，很容易感覺心力交瘁。

汙染正在分裂家庭與社群，造成集體的心力交瘁感。在北京，許多與不斷擴大的汙染風險搏鬥的家庭，正考慮將孩子送進其他國家的寄宿學校，只為了讓孩子能持續接觸到乾淨的空氣。密西根州弗林特（Flint）飲用水的鉛毒等級，對社區中的家庭帶來毀滅性的生理、成長與心理衝擊，也已經奪走了好幾條生命。人們也許要好幾十年才能完全了解汙染的直接代價。

缺乏機會接觸大自然，導致許多社區居民健康不佳，身心不堪負荷。作家理查・洛夫（Richard Louv）說：「大自然缺失症（Nature-deficit disorder）不是一種正式的診斷疾病，而是用來描述人類遠離大自然所要付出的心理、生理與認知代價，兒童發育的敏感時期特別容易受影響。」依據歐洲地球之友暨歐洲環境政策研究所（Institute for European Environmental Policy for Friends of the Earth Europe）的一份報告，比起經常接觸綠地的人，很少接觸綠地的人心理健康不均衡的程度大得多。

大自然環境的被剝奪也是一個種族正義的議題。在美國，某些都會地區的種族與族群構成是其居民無法獲得公平服務（銀行、保險、健保或超市）的根源。這種稱為「畫紅線」（redlining）的歧視性作法，讓許多非白人只能住在靠近重工業區域的社區，居住地附近有公園或綠地的機率少之又少。佛羅里達州奧蘭多市的帕拉摩區（Parramore）就是個活生生的例子。帕拉摩區原本有蓬勃的商業活動，經濟發展相對良好，但都市規畫訂定不利非白人的公共政策後，事情便改觀了。公營住宅興起，貧困的黑人家庭搬入，白人家庭搬出。建成的州際公路成為階級與種族分野的象徵，迫使帕拉摩區的家庭與企業遷移，帕拉摩區自此從奧蘭多市鬧區脫鉤。在高速公路的全面包圍下，只要住在那裡，就不免要面對諸多與汙染及噪音有關的重大健康問題，引發廣泛的心力交瘁狀態。

茱莉亞・克萊芬（Julia Craven）在文章〈在奧蘭多最貧困的地區，連呼吸都有風險〉中描述過帕拉摩區葛利芬公園（Griffin Park）聯邦公宅計畫的惡化情形。「在葛利芬公園及周圍的低收入帕拉摩區，汙染已經成為一種美國人容易忽略的暴力。但這裡的汙染就如同更容易辨認的種族暴力，是政治決策刻意造成的結果。發生在葛利芬公園的事，是過去一個世紀以來所做的一連串抉擇的總和，其影響就是把正式的隔離轉化成某些人呼吸的空氣。」她接著主張：「透過公宅與分區政策，以及都會高速公路的興建，現存的種族邊界實地化為土牆，種族隔離持續存在。這不是無心的結果；整件事的重點就在這裡。」

過去蓬勃發展的社區，如今必須正視愈多愈多無家可歸的人、崩壞的學校體系、不斷升高的類鴉片藥物氾濫危機。仕紳化將一度定居此地的低收入少數族群居民趕出都會區。其他地方也缺乏因應工廠與礦場關閉、農地重劃的有效公共政策，小鎮與鄉村社區因而沒落。那些被留下或趕出的人勉力維持生計，從我們在世界各地見過的情形判斷，這有可能導致廣泛性焦慮（generaliced anxiety）、抑鬱、憤怒的升高。肯塔基州議員約翰．亞繆斯（John Yarmuth）在接受民權運動組織者與社會行動家德雷伊．麥克森（DeRay Mckesson）的訪談時說：「在肯塔基州，最重要的議題是類鴉片藥物氾濫。在我服務的行政區，這已經是現在的首要死因。我們這一區每天都會有一個人死於用藥過量。情況非常恐怖。前陣子的一份統計指出，單是在我們那一區，過去四年半來就開了一億九千七百萬份止痛劑——等於這個行政區從男人、女人到小孩，人人都有大約兩百五十份。」

移民、難民和所有被看成是「異己」的人，往往會遭遇到滋生心力交瘁感的狀況，從一個國家到另一個國家，人們把恐懼與憤怒投射在他們身上。這當然加速了本來就已令人心痛的循環，人們逃開了祖國的不安與暴力，卻在聽說或希望能找到避風港的地方，成為承受更多迫害的對象。

我在另一個地方也見過絕望籠罩整個社區，也就是活在暴力餘波下的人們，不管那種暴力是個人行為的累積還是大規模攻擊。雖然新一波新聞接續出現，表面上恢復了正常的日常軌道，但一定要記得，那種集體被壓垮所留下的遺跡，通常會比關心或彌補傷害的集體毅力更持久。幾年前，我坐在曾經歷校園屠殺的一群教師與行政人員當中，一位老師以悲痛的聲音說：「那六分鐘持續奪走我們很多事物。」

第2章

造成心力交瘁的原因是什麼？

導致我們心力交瘁的一連串因素很多。我們會在此揭露一些成因，但重點是：無論我們是生來就處在心力交瘁的狀態，或是有意走進這種狀態，或是它不請自來，引發身心俱疲的條件在我們每個人身上都存在。不過，留意那一波波力不從心的感受是從哪些方向來，或許有助於我們更加善待自己，以更多勇氣，準備好乘風破浪。如果幸運之神眷顧……還能優雅地放下。

我不認為我們想到引發心力交瘁的因素時，對自己或別人能保有多少謙卑和同情。我在面對創傷倖存者的工作中一再學到，從覺得累壞了，到實際產生創傷，我們對事情的體驗幾乎總是非常個人、主觀。精神科醫師馬克・愛普斯頓（Dr. Mark Epstein）提醒我們：「創傷不僅是重大災難的結果。創傷不是只發生在某些人身上。創傷潛伏在日常生活中，在一瞬間深刻地劃過人生。」

外在與內在力量

表觀遺傳學

表觀遺傳學這門新興科學的基礎理論是，從傳染病或汙染，及至飢餓或戰爭所帶來的匱乏，環境因素不僅會影響一個人目前的生理狀態，也會影響未來世代的DNA，包括他們體驗心力交瘁的傾向。依據倫敦大學學院與布里斯托大學遺傳學家馬可斯．潘姆布瑞（Marcus Pembrey）教授的說法，「表觀遺傳學改變我們的基因活動，但基因碼不變。」

有諸多研究證實，童年的長期壓力會帶來長遠的衝擊，改變我們的基因。耶魯醫學院「兒童與青少年研究及教育計畫」主持人瓊安．考夫曼（Joan Kaufman）分析發現，因為虐待或疏忽而與雙親分離的兒童唾液裡的DNA，與控制組的兒童唾液裡的DNA相較，兒童如果在幼年遭遇不幸，他們的DNA有近三千處會出現表觀遺傳學上的差異，而且二十三對染色體全是如此。科學家將這些變化歸因為孩子在危機中會

"It's a new anti-depressant—instead of swallowing it, you throw it at anyone who appears to be having a good time."

「這是抗憂鬱的新藥——不是用吞的，
而是拿來扔在似乎過得很開心的人身上。」

持續釋放「打或逃」（fight-or-flight）激素，因而削弱了他們的抗壓能力。威斯康辛大學心理學教授與兒童情緒研究實驗室主任賽斯・波拉克（Seth Pollak）進一步縮小範圍，指出創傷、虐待、疏忽會損害在高壓中負責安撫內在警報系統的基因。「一組關鍵的制動裝置失調了。」波拉克說。

表觀遺傳學也相信，環境條件或創傷經驗留在我們DNA上的記號會傳給後代，所以就算未親身經驗過，有些人還是會顯現出曾遭遇極端高壓或創傷的基因模式。西奈山醫學院創傷壓力研究部主任瑞秋・葉胡達博士（Dr. Rachel Yehuda）說：「出現表觀遺傳學上的變化，往往是為了讓後代能因應與父母親類似的環境。」她的團隊就猶太人大屠殺的倖存者及他們的孩子進行研究，結果顯示遭遇創傷後，他們用來協助身體回復常態的激素會比非大屠殺倖存者低。其後代的同一種激素也少於正常值，令他們容易產生焦慮症狀。在饑荒及九一一攻擊的倖存者及其後代的研究中，也發現類似的效應。

另一方面，北卡羅萊納大學教堂山分校心理學家芭芭拉・佛列德里克森（Barbara Fredrickson）合理地提出下一個問題：「假如包含寂寞在內的壓力狀態會造成基因組出現有害反應，持續的正面經驗會帶來相反的結果嗎？」佛列德里克森博士和加州大學洛杉磯分校醫學系教授史蒂夫・科爾（Steve Cole）合作進行多項人類研究，檢視真幸福（eudaimonic happiness）對個人生理健康的效應（什麼是真幸福？依據亞里斯多德的描述，這不只是一種感覺，而是一種實踐——由意義或目的驅使的幸福）。佛列德里克森相信，真幸福的一個關鍵面向是心有所屬（connection）。「那種幸福會超越當前的個人滿足，使人們心繫於更遠大的事物。」

佛列德里克森與科爾的研究引用資料顯示，我們的真幸福確實會轉化為基因層級上可量化的身心幸福。依據科爾的說法：「那些真幸福程度高的人，展現出與有社會孤立感的人相反的基因輪廓：他們的抗病毒反應提升，發炎程度降低。」科爾指出，其實壓力反應需要「我們為眼前的活路抵押長期健康」。如果我們覺得心力交瘁又缺乏真幸福，基因構造就會反映出這一點。然而，有多少會傳給後代，尚不得而知。

代間壓迫與創傷

代間（intergenerational）壓迫與創傷，是指殖民、邊緣化、歷史創傷代代相傳的遺跡。傷痛往往會透過下意識的焦慮、創傷後壓力症候群、自行用藥、濫用藥物、有害的教養方式、不妥行為、暴力等，從成人直接傳給孩子。

前面討論過，有愈來愈多科學證據顯示，創傷會經由表觀遺傳學變化而遺傳。但科學發現往往是如此，表觀遺傳學的新見解，也呼應著社群會代代分擔創傷的實證。教育家及研究員席・羅比遜（Shea Robison）指出，美國原住民文化長久以來便認為經驗的銘印會一代傳一代。

舉例來說，二〇一六年在立巖地區（Standing Rock）紮營，抗議達科他輸油管計畫的那群拉科塔蘇族（Lakota Sioux）年輕人，原本是針對部族內一連串青少年自殺事件而發起活動。那些青少年有貧窮、暴力、藥物濫用的歷史，絕望感在整個社區恣意

"That's the racist bone in your body you claimed you didn't have."

「那就是你體內的種族歧視骨頭，你還說沒有。」

瀰漫，代代相傳。「沒有人了解殖民的影響有多深遠，強迫搬遷的衝擊有多廣泛。」年輕行動者艾琳・維斯（Eryn Wise）如此表示。潔斯琳・查哲（Jasilyn Charger）則說：「那種凌辱就活在我們的血液裡。」她是如今稱作「一心青年運動」（One Mind Youth Movement）這個青年小團體的創始成員。他們正試圖克服創傷，面向自己和他們民族的未來。查哲解釋他們的哲學：「寬恕，然後採取行動避開未來的惡業。我們不希望孩子們繼承這股憂鬱。」

有些團體處理創傷與壓迫的長期影響，但對有些團體來說，問題才正要開始。二〇一七年一月密西根大學發布的一項研究顯示，找替罪羔羊的反移民心態引起的相關創傷，有可能傳給嬰兒：「在愛荷華州搜捕移民行動的三十七週內出生的拉丁寶寶，體重過輕的風險高了二四％，早產的風險也比較高。」心理創傷影響了眾多的全球難民，這點也不令人驚訝。這對他們的後代有什麼長期影響還有待觀察，但和難民社區內心理健康聯想在一起的社會汙名，加上尋求支持的人缺乏心理健康相關專家的協助，這些都依舊是克服心力交瘁的重大障礙。

體系壓迫與內化壓迫

當壓迫變成成文化的法條，或融入社會體系的功能運作——奠基於認為某一群人較為劣等的普遍見解——這便成為體系壓迫。內化的壓迫則是人們成為受壓迫的對象時，自己竟也相信用來剝奪其人性的錯誤資訊。我們在日常生活的瞬息互動與令人痛心的持久傷害中，都目睹過這種戕害我們社會的偏見。

要處理在一瞬間發威而持續存在的壓迫力量，是會帶來傷害的。對我來說，目睹偏見與壓迫在年輕人的生活中耀武揚威時，我會特別氣餒。有一次全家出遊，我們在海邊碰見兩個不過七、八歲的小男孩。本來我們對海浪那頭傳來的嘻笑聲不甚介意，後來一個男孩鼓勵另一個男孩追面前的一道浪時，他的夥伴惱火地回答：「這些波浪很小，只是娘們。」他的語氣平板得古怪，只有「娘們」這個字才特別有嘲弄意味。

我認識一位針灸師傅，自二〇〇一年以來，他每次到美國機場都會被運輸安全管理局攔下進行雙重安檢，屢試不爽。每一次他飛到目的地，就會被拉到一旁質詢，並再度接受安檢。就在不久前，我到美國大城市裡一個有人會稱之為「貧民區」裡的郵局辦事，我抬起頭時，正好聽見一名白人郵局員工低聲對她的黑人同事說：「別從窗口遞剪刀給顧客。」那句話本身聽起來似乎沒什麼，但她接著又更小聲地說：「特別是在這間郵局。」我的胃揪了起來。她的同事客氣地回答：「噢，好的，抱歉。因為規矩很多……」她的同事開口接話：「我知道。每間郵局應該有同樣的規矩，但我們這裡有自個兒的規矩。」

有一間大學在重大衝突中，將校徽從有種族歧視意味的圖案換成沒有種族歧視意味的圖案，我有機會在那裡與一群學生相處片刻，他們來自校園中持續擴大的美國原住民計畫。除了必須忍受殖民歷史仍在施展的一切結構壓力，也談到返校節令他們難受，因為多數年長校友會堅持穿上吉祥物圖案還未改變前的服飾，只因為他們想「懷舊」。

這些壓迫力量的瞬間發威已經夠讓人畏怯了，但它們不是憑空發生，而是位在型塑我們的機構與體系層級關係的更大結構中。美國監獄工業複合體及世界各地的拘留所、監獄、監禁機構如何體現系統性壓迫，是個深具啟發性的例子。國際刑罰改革組織（Penal Reform International）二〇一六年的一份報告前言就提醒我們：「公眾對囚犯人權的議題向來甚少關心，遑論表示同情。但鐵牢、拘留所和其他監禁機構的門牆後，或許才是各國政府尊重、保護、實現人權的國際承諾最受考驗的地方。」

美國有全世界最高的監禁率，而其刑事司法體系展現著赤裸裸的種族差異。我所居住及美國各地的社區，都有組織正致力於處理學生們一離開學校便進監獄的趨勢。依據美國公民自由聯盟（ACLU）的說法，「學生們好不容易從公立學校畢業後，便進入少年及刑事司法體系。很多這類孩子有學習障礙，或有貧困、虐待或被忽視的過去，如果有額外的教育與諮詢服務，對他們是有幫助的。但是沒有，他們反而孤立無援，受到懲罰和排擠……非白人學生特別容易淪為受排擠及風紀差別待遇的對象。」

眾所周知，非白人陷入刑事司法體系的比例出奇地高，能重獲自由的人數卻不成比例地低。假如趨勢不變，每三名非裔美國男性、每六名拉丁裔男性中，就有一人會身陷囹圄。依據量刑計畫（The Sentencing Project）的報告，美國印第安青年進少年輔育院的機率是白人青年的三倍。研究顯示，監獄之路通常起自學校及寄養家庭：州立與聯邦監獄中的男性囚犯有六八%沒有高中文憑，加州州立監獄囚犯有七〇%住過寄養家庭。我服務於女子監獄時，曾窺見刑事政策研究機構（The Institute for Criminal Policy Research）一份令人不安的資訊，顯示成年女性及少女入獄的人數「從二〇〇〇年以來增加了約五〇%，同一時期，全球總人口只增加了一八%。」種族差別待遇也持續顯現在女性身上，令人深感不安。

媒體（音樂、電視或電影）能加劇壓迫，也能從深處改變這種壓迫，我們已經見到有愈來愈多媒體平台在挑戰刻板印象、提倡平等。我很欣賞女演員達恩—利恩・加德納（Dawn-Lyen Gardner）談到她在影集《糖廠女王》（Queen Sugar）中的自身經驗。她討論自己如何透過藝術養成行動主義，梳理成長期間受到的實際壓迫與內化壓迫，在與她的兩位偶像歐普拉・溫弗蕾（Oprah Winfrey）和導演艾娃・杜韋奈（Ava DuVernay）合作的同時，也進行自我治療。「要以黑人女性的身分活在這世上……妳有很多必須表現完美的壓力，那股龐大的壓力要妳站穩腳步，撐起一片天。就算是私生活也一樣。妳必須有能力撐住。我們參與對話，尤其是在電視上，是為了談每個人不同的樣子和感受，包括我們的弱點、我們的不完美，還有我們的缺點。」

個人有可能下工夫排解偏見與壓迫不利自己的效應，最要緊的是，我們也要盡一分心力，揭露日常生活中的體系壓迫——隨時隨地，不管用什麼方法。

"No, we're good. This gentleman accidentally touched my breast and I accidentally broke his nose."

「不，我們很好。這位男士不小心碰了我的胸部，我不小心打斷他的鼻子，如此而已。」

健康

在我們的一生中，健康起起伏伏，雖然有些人的健康來得不費吹灰之力，不管是品質還是壽命都讓人艷羨，有些人卻一輩子得受長期障礙與內在煎熬的折磨——無論是生理問題、心理健康的相關問題，還是兩者皆有。很多有著糖尿病前期指標或老化的人，便會發現自己就處在這兩極之間。任何健康問題都有可能引起心力交瘁的感受。

雖然某些健康因素是我們個人無法掌控的，但有些事可以掌控。這裡我們還是必須斟酌自己的狀況

"Your x-rays are kind of depressing so here's me and Susan in front of the Eiffel Tower."

「你的X光片有點令人沮喪，
所以我在這邊放了我和蘇珊在艾菲爾鐵塔前的合照。」

問題：我有沒有盡力改善？我了解要付出什麼代價嗎？我是減輕還是加劇了情況？

睡眠是和健康有關的基本要件。國家睡眠基金會（National Sleep Foundation）透過民調發現，疼痛、壓力、健康欠佳是導致睡眠時間變少、品質變差的關鍵因素。但那些不是影響睡眠的唯一壓力源。有太多人還是會刻意省下睡眠時間。儘管有些人記得小時候父母會訓練我們培養就寢習慣——減少刺激性的活動，尋求冷靜；打出睡眠信號，完成安靜下來、刷牙洗臉的儀式；換睡衣；讀床邊故事，最後關燈——但有愈來愈多人捨棄了這種早年訓練的智慧。現在我們嚐到苦果了。

加州大學柏克萊分校人類睡眠科學中心主任馬修．沃克（Matthew Walker）分享說：「我想睡眠不足的一個問題是，人們不擅長預料自己睡得不夠時的表現有多不好。所以，如果你主觀認定自己表現很好，那客觀來說這個預測不準。這有點像在酒吧喝得酩酊大醉的司機。幾杯黃湯和啤酒下肚後，他們起身說：『嗯，我可以平安無事地開車回家。』你接著說：『不行，我知道你自認開車沒問題，但相信我，旁觀者清，你已經醉了。』對睡眠也是如此。因此，我認為很多人是在睡眠不足的狀態下過日子，自己卻渾然不覺。這成了再平常不過的新底線。」我知道有一位小兒科醫師會勸導父母和監護人，如果孩子沒有睡滿六小時就不要讓他們開車。她堅信在這種狀態下開車有害無益。

睡眠能幫助我們整合記憶，將短期記憶中所有零零碎碎的資訊與經驗轉化為長期記憶。沒有睡眠，我們保留資訊與記憶的能力會大幅降低，導致我們愈來愈容易感覺不堪負荷。

所幸，有一場運動可能正要出現，教導我們了解睡眠的重要性，合力改變我們的睡眠文化。威廉士學院教授馬修．卡特博士（Dr. Matthew Carter）和我分享他的說法：「我看學生老是處在睡眠不足的狀態，到每個學期的後半部更是如此。這學期過去兩個星期，你只要到圖書館，就一定會看見學生趴在桌上或坐在椅子上睡覺。更令人吃驚的是，學生們似乎真把被剝奪睡眠當成一種榮譽勳章。他們知道睡眠不足讓人非常不舒服，但如果他們忙到半夜也上不了床，那會讓他們覺得自己很用功，已經盡力了。」於是卡特為新學期研擬了一套課程，幫助學生深入了解睡眠在他們生活中扮演著關鍵角色。他說：「我要發動戰爭全力扭轉這點，協助人們理解睡眠的重要性與生產品質之間息息相關！」

前美國陸軍部長埃里克．范寧（Eric Fanning）也指出軍隊中的變化：「軍中向來把睡眠看成弱點。你也知道，指揮官在士兵巡邏時不會去就寢。現在我們明白了，剝奪睡眠能令人衰弱，我們現在教的是：睡眠是活力的棟樑。」

睡眠充足至關緊要的觀念或許還有待更多關注，但必須吃得好就無可非議了。雖然我們可以獲得一切營養資訊，健康行銷戰也源源不斷，很多人也總是滿口食物計畫或飲食策略，但從飲食均衡的角度來看，我們仍然吃得不好，公共利益科學中心（The Center for Science in the Public Interest）的報告便證實：「美國人的十大死因中，有四項是直接受飲食影響：心臟病、癌症、中風、糖尿病。」

我們可以做出更好的食物選擇，留意每一份食物的分量，吃少一點。但主流文化並不支持或倡導這種選擇。對飲食持續缺乏警覺，長期下來會造成不堪負荷的狀態。演員及電影製片人湯姆．漢克（Tom Hanks）描述，醫生做出新診斷後告訴他，他可以自行控制第二型糖尿病時，他承認「要一手掌握自身命運讓我戰戰兢兢、如履薄冰，這表示我必須花心思認真面對」。

那我們為什麼會做出不良抉擇？美國前食品藥物管理局局長大衛．凱斯勒（David Kessler）指出，加工食品添加了大量脂肪、糖、鹽來增加風味、延長上架期限。我們就是因此落入不健康的循環：我們覺得壓力大或焦慮時，高脂高糖的垃圾食物能滿足大腦的酬償中樞（引發愉悅的感受）。睡眠剝奪會促使那些酬償中樞反應更活潑（渴望更愉悅），同時壓抑我們的執行功能，有效降低我們的自制力。我們吃愈多垃圾食物，就愈仰賴垃圾食物透過化學反應給我們愉悅感。

此外，垃圾食物似乎也是最方便而平價的食物，馬上可以買來食用。畢竟就算負擔得起，也不是人人隨時買得到水果、蔬菜、全穀或其他構成營養飲食的食品。多數美國人都生活在食品沙漠，要到雜貨店買新鮮營養的食品並不容易，所以他們不得不到速食餐廳或街角的便利商店用餐。

然而，在不過十年前，底特律等地區的大半居民也活在食品沙漠中，所以他們設法建立自給自足的社區，加強當地的食品供給體系。例如，底特律北端（North End）

"We couldn't find a raw-vegan, gluten-free, sugar-free, non-G.M.O. cake for your birthday, so we got you nothing."

「我們找不到生素、無麩質、無糖、無基改成分的生日蛋糕給你，所以什麼也沒帶。」

的鄉親正在測試消費合作社的模式是否可行——和當地農場結盟提供食物，同時為附近居民提供掌握食品選擇、增加他們在其社區裡的所有權的機會。這是一種正在興起的食物正義運動，啟發了許多社區「行使他們的權利，去種植、販售、食用新鮮、營養、平價、文化上合宜的食物，這些在當地種植的食物也關照土地、勞工與動物的健康。」但食物正義也必須處理烹煮與食用時間、享用健康餐點後的清理問題。

很多家庭因為結構改變，或是成人為了平衡收支而身兼多職，所以沒有餘力可以打造並維持健康的食物文化。在美國，工時拉長，但收入卻一如既往的人愈來愈多，經濟驅使我們增加消費，購買並關心更多事物，同時還要留意一切科技用品，花在社交媒體上的時間也愈來愈多……人們能用來細火慢熬地烹調的時間比以前少很多。甚至連吃飯也閒不下來。一個小學五年級的學童告訴我，她的學校只給學生二十五分鐘吃中餐。他們得要在二十五分鐘內離開教室、走到櫃子前放書、排隊拿食物、吃飯、拿書，再到下一間教室上課。成人也匆匆忙忙。有愈來愈多人是邊忙邊吃飯。在西雅圖，開車吃東西已經變成一個問題，足以促使人們立法遏止分心司機的增加。

西班牙與瓜地馬拉等國家深厚的烹飪與家庭共餐傳統，可以給我們一點啟發。在這些文化中，不只營養成分，從備料、分享到結束用餐的整段循環，人們都能說出一套有憑有據的大道理。一起用餐、相偕放鬆的情景普遍可見，這是整個文化內建的一部分。人們可以藉機感謝大自然，感謝種植和準備食物的人——也可以藉由這個習俗分享食物。

我們也必須承認，電腦螢幕與社交媒體的降臨對我們的心理健康造成了潛在的衝擊。心理學家吉恩·特溫吉博士（Dr. Jean Twenge）在〈智慧型手機摧毀一個世代了沒？〉一文中，將出生於一九九五年至二〇一二年的人稱為「i世代」（iGen），他們是由智慧型手機與社交媒體型塑的世代。她寫道：「智慧型手機的到來徹底改變了青少年從社交模式到心理健康的各方面生活。這些變化影響了國內每個角落的年輕人，進入每種類型的家庭。不論這些青少年是窮困或富有，不論是哪一種種族背景，不論是在城市、郊區還是小鎮，這股趨勢無孔不入。有行動通信基地台的地方，就有活在智慧型手機裡的青少年。」特溫吉接著解釋：「i世代是數十年來最接近爆發心理健康危機的一代，這麼說並不誇張……智慧型手機與社交媒體雙雙興起所導致的震盪規模，是長久以來僅見的，甚至前所未見……自覺受冷落的青少年人數空前地多，超過其他年齡層的人。寂寞的人變多了，覺得備受冷落的人數也正迅速地大幅上升。」

談到寂寞，成人也會面臨研究者所說的「寂寞症」（loneliness epidemic）。楊百翰大學心理學系教授茱莉安・霍特—朗斯泰德（Julianne Holt-Lunstad）研究社交連結對世界各地人們健康的效應後指出：「有強力的證據顯示，社交孤立與寂寞會大幅提升早逝的風險，那種風險大過多數主要的保健指標風險。」

我們的承擔

家庭與社區

人的家庭或家鄉社區及早年教養為某些人奠定了無比重要的根基，他們的家族關係也持續提供源源不絕的力量。其他人則沒有這種福氣。而對多數人來說，我們的家庭與社區提供的是好壞參半的混合體：有些是福，有些是禍。

我們有可能困在原生家庭的模式裡，長大後仍舊依循那個模式，儘管已經不再管用。比方說，依不同的家庭狀況，有的孩子可能要扮演照顧者、救助者、受害者、代罪羔羊等角色。成年之後，那些角色可能就變得不自然，甚至難以忍受，因而成為身心俱疲的來源。但我們還是要再客觀地問自己一次：這樣下去有幫助嗎？還是會造成傷害？如果沒有什麼益處，為了撐下去，我們就必須採取行動紓解緊張狀態，解構那些模式。

當然，我們都是最好和最壞的家庭教育下的產物。兩者合併起來，深深影響了我

"We're going to see my family. There's an extra twenty in it for you if we never get there."

「我們要回鄉去。假如我們永遠到不了，
這多的二十元車資就是你的。」

們自己的優缺點。我們的家庭與原生社區中的光與影、陰與陽，型塑著我們是誰。一位年輕時曾有恐怖遭遇的同事告訴我：「我的底線是：人生很糟，不過也有好的時候。我四歲時第一次目睹公開處決，所以我的底線就是如此。」

除了先祖的歷史在我們體內留下的印記、我們的身體健康，還有我們決定要如何以充足的睡眠與營養滋養身體，我們目前的家庭、朋友、社區的狀況，往往也包含了個人能夠和不能夠掌控的層面。這一生當中，或許有些人有幸能獲得始終不變的穩固關係，但人生通常充滿了聚散離合。當我們在聚散離合的起落中悔恨不已，始終感覺自己不夠好，不堪負荷的感覺就會襲上心頭。傑克・康菲爾德說：「這也就是為什麼要叫作『核心』[1]家庭的原因。」

我至今仍對我的伴侶第二次（總共三次）動髖關節置換手術時，自己的處理方式感到羞愧（別問我為什麼要動手術，他的髖關節報銷了）。我整個生涯都奉獻給創傷，因此手術對我來說不是新鮮事。手術會令我想起每一個我碰過，為親人在醫院過世而傷心的人。因此，他第一次動髖關節手術時，雖然已經夠讓人難受了，但如果我不是完全壓抑了下來，就是不明白自己已經筋疲力盡，等到他第二次動手術時才宣洩出來。當時手術很順利。我們帶他回家療養。我們的孩子還小，家裡還有一個學齡前兒童，房子正在不計其數的某次修整中，我也還在進行創傷工作。

那天早上，我必須照顧我們吵鬧的孩子，確定托兒所一切沒事，在家為另一個工作主持會議，也要確定他安好（就我的經驗，他是最好的病人，這麼說一點也不誇張。他很溫文體貼，雖然一動也不能動，還是試著伸出援手）。那天一大清早，他問我能否拿早餐給他。「沒問題！」我說。過了一些時候，他又問一遍。「當然好！」我說。然後我聽到前門有人按門鈴。我猛然意會到時間不早了，我必須去應門，也要餵飽我的伴侶。我跑進廚房，桌台上的一串香蕉入了我的眼，我抓起香蕉，跑進他的療養室，把香蕉抛出去。香蕉在空中轉了一圈，我關門時剛好落在他胸前。我沒有任何藉口可以為當時的行為開脫，半個藉口也沒有。絕對沒有。雖然這是他最愛講的故事之一，每講一次就笑一遍，但一直到幾年後，我們為了他第三次髖關節手術而整理同一個房間時，我才完全意識到自己真的搞砸了。當一切就定位，只等他屆時回家療養時，他離開房間，到廚房拿了一盒克里夫能量棒（Clif Bars），穩穩放在床邊的桌上。

雖然知道以下常態也無法讓我對自身的缺失感覺好過一點，但希望自己能在各種關係與現實中挺住，事實卻非如此時，覺得失落的人並不只有我一個人。我一位同事有段時間曾離開她非常熱中的工作，好在家全天候照顧寶寶。絕望悄悄升起時，她曾告訴我：「我想我的一身本領無法在育兒派上用場。」

我們每天與家人及心愛的人相處時，都能察覺到要在各種關係中表現良好的壓力，不用說，失去所愛的人時，壓力更是沉重。我認識一位因為十五歲的兒子驟逝而傷心的父親。街坊鄰居源源不絕地表示支持，但他只提出一個要求，我永遠都記得這個要求——他希望兒子的朋友和同學能在下課後、週末時到他家，不為了別的，只是希望他們能在廚房寫功課，因為他兒子以前就是在那裡做作業。

心力交瘁的影響大多不是直接了當地出現，這為心力交瘁的問題增添了更多難關。我女兒曾在十二個月中歷經身邊五個人自殺。高一一個摯愛的同學自殺後，她難過了一整年，有時比其他人都更悲痛，同學的週年忌日到來時也特別敏感。她用盡自己知道的一切方法止住傷痛，但他逝世週年那天，一陣痛楚突然在她打籃球的時候襲來。她（極為）勉強打完比賽，但一下場，她一邊努力止住眼淚，一邊說自己已經完全失去方向感，不知身在何方。她看不清楚事物，聽不清楚聲音，行為舉止就像有嚴重腦震盪的人。悲傷就像一波波浪潮，不是個人能掌控的。悲傷沒有固定的模式，也不會規規矩矩地逐漸變強或變弱。大浪之後可能會帶來一波波小浪，但最猛烈的那道浪仍未消失。永遠不要背對海洋。

學校

年輕時上學，成年後如果有幸，也有機會進修，但學校有可能是競爭、威嚇、騷擾、歧視的溫床，提供致使身心俱疲的處方。

不論在哪個階段，學術環境都有可能不易適應，在美國，我們發現這種一度僅及於精英、高等教育機構的壓力已經滲入各級學校，連中學也難以倖免。夾在複雜的社會現象（結黨營私、掛鉤文化、藥物與酒精）與學術壓力之間，有不計其數的人和我談過在學校各種程度的壓力問題，他們身上都出現了身體反應。壓力不僅來自學校本

"We've unleashed your child's potential—this is as good as it's going to get."

「我們已經激發了您孩子的潛能——以後頂多就是這樣了。」

身，也來自整個與學校有關的社交媒體界。我的么女七年級學期結束後幾天，我和她坐在車子裡，但壓力還在緩慢釋放。我們的對話暫停了很長一段時間，然後她緩緩輕聲說：「回想過去這一年的事，我覺得自己的壓力那麼大，真是太太太可憐了。」

不過，壓力不是只出現在美國。我們全家到厄瓜多旅行時，有幸參訪一所位於偏遠島嶼上的學校。十五歲的導遊一五一十地告訴我們她的事，還描述她正在為一場考試用功。我女兒對她說的每一句話都點頭表示同意：是啊，考試很難，考試壓力很大，沒錯，妳說的對。接著，我們的導遊開始娓娓道來這場考試的結果如何事關重大時，我女兒們就不再點頭了，她們瞪大了眼睛，下巴有點掉了下來。如果她選擇留在厄瓜多，那麼還不到六個月，她就要參加決定日後她要上哪所學校的考試，她的職業、她後半生要以何為生，都看這場考試。我可以從女兒們的眼神看出，她們知道自己永遠也不可能承擔那麼沉重、有可能把人壓垮的壓力。

有些學校試著遏止造成學生不堪負荷的力量，提醒他們人生不可能事事完美，犯錯有可能是表現出勇氣、成長、創意的信號。我們一個家族友人在搬進宿舍幾個鐘頭後，就和其他一千一百名大一學生坐在一起聚會。他們大學的校長是前美國國家航空暨太空總署的火箭科學家。她鼓勵他們看看四周，打量一下他們的新同窗。她提醒學生，雖然多數人的高中成績拿了不少四・〇[2]（很多人是班上的畢業生代表），但每一個人都會在隨後的這一年犯錯。事實上，他們所有人都應該有心理準備，自己會在某方面失足。不過，她也再三保證，失敗沒有什麼好畏懼的。失敗能令他們再接再厲。

工作

綜合來說，我們希望從工作中享受快樂，找到目標，不堪負荷的時間要在可以忍受的限度內。然而，工作有可能艱鉅異常。工作可以是各種職務或事業，而難關有可能來自四面八方，首先是找到適合的工作，再來是要和共事的人與同事長期磨合，或是面臨公然的歧視與騷擾，就連化妝室不足也會成問題。一位同事告訴我：「工作本身是我最不操心的事，要和一群討厭鬼共事才是我真正的難題。」一位在住宅區青年活動中心工作的同事告訴我：「我在戰區要輪三個班，在軍隊裡度過了二十八年。而相較於我們在這裡所要面臨的，那段日子有如一陣和風。」

值得一提的是，雖然有的職務和專業無疑需要流血流汗，但我們從來不會想比較彼此的處境有多艱難、心裡有多苦。不只是充滿創傷的工作才會導致身心俱疲的情況，許多領域與境遇也有可能造成令人心力交瘁的內容或環境。ＨＢＯ紀錄電影公司（HBO Documentary Films）總裁席拉・奈文絲（Sheila Nevins）在一場訪談中說：「我的意思是，如果你是外科醫師，你切開病人的心臟時，他們是被麻醉的。但你製作紀錄片時，（你聚焦的）對象是活生生的人，他們就在你身邊。你會時時看見他們的憂傷。這世上有很多苦難。有很多人走投無路。沒有同理心，就喪失人性了。那些苦難令人難忘。那很令人難受。我的意思是你真的會心痛。我會心痛。」

多數人的問題就是過勞。歐盟規定每年至少要有二十天有薪假（不包括銀行假日[3]），而瑞典、法國、丹麥等許多國家分配的有薪假甚至更多。然而，美國聯邦法

"Everybody's getting together after work to do some more work—you in?"

「大家下班後要去聚一聚，加一點班。你要不要參一腳？」

並沒有保障勞工的有薪假，甚至也沒有規定國定假日不得工作。

可惜的是，有有薪假的美國勞工，一半以上沒有請完所有的假，就算真的走出辦公室，也會反覆檢查並回覆電子郵件。研究顯示，放假最大的障礙是：害怕回到辦公室後，會發現工作堆得滿坑滿谷（三七％），還有相信別人做不來那個工作（三〇％）。十位員工中，就有六位表示向老闆請假時無法得到支持。一位法律事務所的合夥人告訴我：「在我這個專業與圈子的文化中，如果你沒有心力交瘁（「最近如何？」「忙翻了。」「我也是！」），人們會不自覺地認為你不夠盡力。」

無論是哪個專業領域，無論你居住

在哪裡，在職場脈絡中感覺不堪負荷，經證實會降低生產力與幸福感。事實上，資訊過量本身就是個不斷惡化的問題。單是人們期待我們過濾、解讀、分類的龐大資訊量，就壓得我們喘不過氣來。作家柯琳．史朵麗（Colleen Story）說：「要不了多久，你的腦袋就會被塞到爆。就算有鼻孔也沒有辦法呼吸。」依據律商聯訊（LexisNexis）委託進行的國際民調，在美國、歐洲、亞太地區、非洲各地將近兩千位白領專業人士中，有五一％表示，如果他們在其專業領域要接收的資訊量繼續增加，就會瀕臨他們的「忍耐極限」。一位同事告訴我：「我覺得腦子已經被曬到乾枯了。」

許多專業人士和我分享，工作的壓力不只出現在工作日。任何時候都有可能出現。從大清早到半夜，他們隨時隨地都會從筆電或電話收到訊息、通知、電話會議的轟炸。預期性的恐慌也會滲入週日（對週一到週五上班的人來說）或一個計畫啟動的前幾天。這就類似我認識的一些學生（從中學到研究所的學生），他們害怕週日——差不多就像害怕新學期。一位兒童虐待防治專家描述他在進入特定循環之前的憂懼：「我通常是凡事往好處看的那種人。但我不喜歡工作挑戰來臨的時候，自己那種不耐煩的樣子。在家是如此，工作開始前一週也會。工作日還沒到，我就已經在擔心了。」

環境

經濟壓力源

關於經濟引起的壓力，全球各地都有充分的記載與經驗。許多經濟學家都曾指出不受控制的資本主義所引發的危險，尤其是那種促進愈來愈多生產與消費的頑強執念。無論經濟程度如何，世界各地的人都愈來愈因為資源稀少而感覺力不從心——陪家人的時間不夠、教育資源不足、社區參與程度降低等。教授與作家威廉・羅賓遜博士（Dr. William Robinson）在〈二〇〇八年的經濟大衰退與持續的危機：全球資本主義的觀點〉一文中談到社會兩極化發展的危機：「我想在這裡提出一種廣義的全球危機概念。在我看來，這個危機就數量、全球範圍、生態惡化、社會衰敗、暴力手段的規模來說，都是前所未見的。此外，由於現今的經濟體系是全球性的，任何一個地方的危機都有可能代表整個體系的危機。」

經濟壓力源當然與我們生活的無數層面息息相關。有人問肯塔基州議員約翰・亞繆斯，他要對那些失去希望、覺得世界就要從內向外爆開的人說些什麼話，他說：「我希望我可以提供安慰。我不是個喜歡誇張和說大話的人……但我從來沒有像現在這樣，這麼關心我們民主的穩定度。」

世界大事

二十四小時的新聞循環，顯著影響著我們集體的不堪負荷狀態。就我見到的情形，世界上發生什麼事，還有我們能不能全部理解，是讓很多人達到臨界點的原因。當然，在世上每個地方，每天都有驚人、英勇、寬宏、優美的時刻與事件，也有難以言述的痛楚與駭怖。傳統媒體與社交媒體正以逐步加快的速度，將這些報導與第一手消息帶進我們的生活。雖然其中有些事我們絕對能盡一分心力，但很多事都不在我們個人掌握中。因此，訊息的內容、訊息量，還有傳訊系統的無所不在——不管是在健身房看大螢幕、在廚房看筆電、在公車上看手機，還是報刊雜誌或廣播——都有可能增加我們的絕望感。

所有湧到眼前的新聞與資訊都在警告我們要「當心」，造成了許多人的莫大掙扎。我記不清有多少人告訴我，他們有多拚命著想要減少接觸媒體，卻不得不繼續接

"On the plus side, we won't have access to the news for the next four years."

「往好的那一面看，我們接下來四年都聽不到任何新聞了。」

收資訊，因為他們覺得如果自己不隨時留意各地發生什麼事，就不是「優秀的」社會行動者、社區成員或市民。人們確實愈來愈常追蹤朋友與心愛的人的消息來源，藉以在大家最關心的議題上表現團結、義憤、支持或焦慮，但也愈來愈容易擔心如果漏了消息，自己多少會顯得懶散或不忠誠。

在開給收容所工作者的工作坊中，一位收容所看護與同事分享她是如何了解到新聞影響了她的生活，所以最終痛下決心不再追蹤新聞。她和很多在別人家裡工作的人一樣，每天有好幾個鐘頭時間都待在車裡——多半是聽廣播，接受全球即時新聞一波波襲來。這位看護的洞察力令我深感敬佩，她不僅看出新聞讓她付出的代價，也看出新聞如何減弱了她的能力，讓她無法為她必須服務的家庭付出心力。

氣候危機

雖然不是全球共識，但九七%的氣候科學家都同意，人類引起氣候變遷是事實。過去極端的氣候相關事件通常是一千年或五百年發生一次，但現在很多事件發生之頻繁，已經讓科學家們考慮不再使用氣候事件這個詞了。依據賓州地球系統科學中心主任邁克・曼恩博士（Dr. Michael Mann）的說法：「我們為了占地球便宜，已經導致氣候變遷，所以這些事件出現的頻率愈來愈高。」

談到氣候變遷對心理健康與社會運動的影響，美國認知療法協會焦慮與強迫症治療計畫主持人史考特・伍竹夫（Dr. Scott Woodruff）說：「過度擔心有可能導致疲勞、注意力不足和肌肉緊繃。人們想要提升眾人警覺，但疲勞和注意力不足卻只會造成反效果。」

過去幾年來，我見識到氣候變遷如何讓科學家和其他長期關心環境的倡導者被絕望擊倒——他們都是身經百戰的資深老手，絕不是天真的菜鳥。電影製片人與環境運動工作者喬許・福克斯（Josh Fox）談到自己為什麼決定拍攝《天然氣之國2》

（Gasland II）時分享：「（我們）往南飛向墨西哥灣，我也不懂是怎麼回事，可能因為是美國獨立紀念日，或者因為是星期天，美國聯邦航空總署竟前所未有地容許我們以任何高度拍攝漏油現場。先前他們會限制飛機不得低於三千英尺，但從三千英尺的高度根本什麼也看不見……你看《天然氣之國2》時，會看見以往從未見過的海灣景觀。有長達五十浬的海面覆滿了油……我憂心忡忡，覺得無比困惑又恐懼，飽受驚嚇。下了小飛機後，我們有好幾個小時說不出話來。看見那樣的墨西哥灣……我們只能張口結舌，只能望著整面海洋和大片油汙，感覺一部分的自己也落出機艙外。」

我的藝術家與攝影師朋友克里斯．喬丹（Chris Jordan）到智利參加二〇一七年第四屆國際海洋保護區大會回國那天，他在寫給我的信上分享：「對我來說，現在最教人吃驚的是我們拒絕承認現實的程度。我們希望大家面對這個時代的事實，但這份努力似乎只以令我驚愕的方式誤導我們走上歧途。我遇見一位來自佛州的生物學家，她說她連『海平面上升』（sea-level rise）這個詞都不被允許使用；在佛州，他們都必須說『危害性洪水』（nuisance flooding）。他們緊抓著這種荒謬的敘事不放，無視那種昭然若揭的諷刺，因為有史料紀錄以來最強烈的颶風此時此刻正盤據在他們頭上。」克里斯接著說：「我想要我們接受真相，明白自己對這個世界做了什麼，真的很難。我想對很多人來說，這會令他們內心產生對生存絕望、無能為力的感受。我們在必須

"I'm trying to decide between water and sunlight."

「我正在猶豫是要給它水還是陽光。」

果斷採取行動的緊要關頭，竟還集體遭杏仁核劫持（amygdala hijack）[4]。再怎麼大聲疾呼這對未來生物的生命品質意味著何等慘烈的悲劇，都不為過。」

不管我在哪一個領域工作，都會提醒人們一件事：就算我們在工作或生活中都沒有做出任何影響氣候變遷的大小事，但如果事情繼續朝這個方向發展下去，我們或我們所愛的人，最後都必定會受氣候變遷影響，有可能是無法取得可飲用的水，或是失去可居住的無毒之地，也有可能是會遭受到愈加猛烈的暴風雨襲擊。雖然洪水與烈火不長眼，但那些在歷史上被邊緣化、被剝奪權利的人，仍會是與天氣相關的災難最大的受害者。對有些人來說，那意味著要花一輩子的時間重建人生。」

令我們不堪負荷的因素多不勝數，大小不一，但我們還是能減輕一些負擔，乾脆地承認大多數因素都不是我們能獨力解決的，為人生的永續留下餘地。

譯注——

1 nuclear 是原子核的意思。

2 美國的學業平均成績（GPA）通常為四分制，但有些課程加權後也可能讓積分達到四以上，相當於A以上的成績。

3 銀行假日（bank holiday）是指英國等地的國定假日，銀行在當日不營業。

4 著名心理學博士丹尼爾．高曼（Daniel Goleman）所造的詞彙，意指大腦主導情緒的杏仁核過度活躍，此時人傾向以本能反應保護自己，情緒變得高張而不理智。

第3章

出路：少即是多

為了深入檢視個人與集體感覺心力交瘁的藝術與科學，我們來探討如何排解我們體驗到的感受，以有建樹、有意義的方式，見證我們如何、為什麼覺得自己瀕臨情緒潰堤，又要如何應對。

我們已經討論過心力交瘁的種種可能成因。每一天我們都遭遇到無數的議題（有些不在我們的掌控中，有些則是自己能掌控的）。有些給我們鼓勵，有些給我們力量，有些則會侵襲我們的心靈。

當這種遭遇侵襲我們，傷害就會開始累積。我們累積失望、冷落、疏離，因為希望與計畫和現實有差距。我們有可能只是不斷累積許多日常生活的小挫折（如我的一位老師對我提出的警戒：「期待預告著失望。」），也有可能是持續受到冰山般龐大的創傷衝擊。但假如基於任何原因，我們始終沒有處理不斷累積的傷害，予以排解，那就有可能被壓垮。

"You should relax less."

「你也別太放鬆了。」

當然，我們的主要目的是少做傷害自己的事，多給自己支持。

把種種遭遇代謝掉

管理我們的遭遇等級（無論我們能否掌控）和我們的反應（我們代謝與整合傷害、從中找出意義的能力）是重要的事。這有可能是鋌而走險：在我們面對外界所產生的鋒利壓力邊緣起舞；我們處理壓力的內在能力；我們最後表達出來的言語、舉止與行動。但我很肯定一點：如果我們沒有完全代謝累積在內心的傷害，那些傷害就會在原地盤旋、化膿，接著顯現——有時後果極為可怕；因此我們必須聚焦在自己有力量掌控的事上，即使只能掌控自己的心。

代謝有兩道程序：分解與合成。分解是解開和拆卸的階段，往往要釋放分子能量；合成則是「組建」必要的營養素來修復或生長。種種遭遇導致的生理與情感衝擊持續累積，侵害我們，我們解開這些衝擊，鍛鍊內在肌肉令自己強健。我們的目標是形成完整的自我認同感，調節神經系統，讓內在的氣流永不中斷。平衡與持恆。由於我們已經代謝了，或說處理了自己的經驗，便可望在一天中多次感覺到自己擁有更多餘裕，也能和自己與環境和平相處。

紓解飽和狀態

不過，當外在環境支配了內在的代謝能力，令我們無法代謝所有接收的壓力源，我們就會瀕臨飽和。生理上的飽和。神經系統的飽和。情緒失控。為了前進，保持平衡，我們必須時時留意自己付出多少心力與外界搏鬥——還有我們在一天當中（或一個小時當中）要運用哪種內在能力去代謝，才不會老是感覺幾近飽和。依我自己的經驗、同事的經驗、我做過的研究，以及我從反種族隔離政策領袖戴斯蒙・屠圖大主教到一行禪師等智慧上師身上學到的經驗，我逐漸深信，監測我們遭遇壓力源的程度，採取措施協助自己代謝那些經驗，才是我們日常（或接近日常）最有效的待己之道。

> 對人生的看法悲觀，未必就不能正面看待我們的世俗義務。這是博大而抽象的思想……就和許多類似的思想一樣，也許只有痛切的日常實踐，才能教人理解這點——痛下決心，就從這一刻開始。
>
> ——亞當・高普尼克（Adam Gopnik），記者、作家

我們的日常實踐有可能反覆搖擺於音樂人與社會正義行動家史提夫・汪達（Stevie Wonder）說的「應對個人事務」，以及盡你在生活和在這個世界的本分之間。我們有可能發展出待人處事的韻律：從內在到外在，來來回回之間。心靜下來，便能關心世界。前大德寺住持小田雪窗說：「禪只有兩件事，靜坐與灑掃庭院。庭院有多大都無所謂。」當然，你未必需要真的靜坐，只要用心落實定期、專注、沉思的練習，便能進而避免造成傷害，並早日時時展現最完美的自我。這種練習的可貴價值是無法被低估的。

從日常生活實地管理我們的遭遇很重要，一部分是因為我們瀕臨飽和時的表現並不好。我們「對抗、逃避或僵住」的反應應該出現在威脅迫近的少數瞬間。這種觸發狀態絕不是要用來因應日常慣例所需；這不是我們的日常良伴。

情緒飽和是不愉快的，往往有風險存在，甚至有時會導致危險——人類通常不會情緒飽和太久；那樣一來，我們的內在便會大出血。有可能是個人的大出血，也可能是集體的大出血。通常那種出血會伴隨著毒性。有時這是單一行為，有時這會成為行為模式，有時則會在學校、機關、社區形成實實在在的腐臭味。這年頭，所有的家庭都瀕臨飽和，學校大出血，組織也在飽和邊緣，企業也是大出血。我們內在大出血的時候會傷害自己、傷害心愛的人、傷害被我們超車的人、傷害和我們開會討論的人、傷害我們在網路上或面對面霸凌的人，甚至做出更惡劣的事。在最好的情節中，最後雙方能釐清事態，真心道歉。不過我們往往會造成永久的傷害，甚至將事情鬧大，變得不可原諒。

值得注意的是，這種大出血不是刻意、存心釋放個人或團體目前的情緒，或是累積至今的情緒。我說的出血不是指舉重流汗、要朋友聽你大聲咆哮（經過他們同意）、讓淚水汩汩流下臉頰，或是倒在地上耍小孩子脾氣。我指的也不是和整個社區一起守夜、現身和平的抗議遊行，或是參加在某個時辰舉行的校園紓壓吶喊。情緒出血比較接近慢火沸騰或驟然爆發。你未必能察覺，這種爆發也未必有建設性。我曾在受鴉片類藥物氾濫蹂躪的社區服務，一位分毫不差、漂亮完成任務的同事和我分享她的情緒意外大出血的後果：「現在連我的狗見了我都退避三舍。」

承認潛在障礙

設法掌控並處理你的遭遇的種種因素，以避免不堪負荷發生，這點固然要緊，但我們也必須承認，過程中有可能出現實際而可察覺的障礙。當我們相信自己不可能不心力交瘁，那便為自己造出了心魔。我們有可能覺得自己已經精力全失，無法用心找到不一樣的出路，也有可能因為我們享有很多特權，所以覺得自己比任何人都有義務承擔更多責任。

試著另尋出路和面對有可能增添難度的社會風向，兩者是有關聯的，如果你能察覺到這點，那你並不孤單。就算你有幸住在獲列為全世界數一數二健康、幸福、工作與生活最均衡的地方，我們還是有必須應對的全球力量。

話雖如此，世界各地都有未受不堪負荷狀態包圍的文化。這裡我們不是在發明一

第 3 章
出路：少即是多

"Wheatgrass is highly effective at neutralizing joy."

「小麥草能非常有效地消除愉悅。」

種時髦的新生活。我們只需要記住現有的知識，珍惜仍在代代相傳的智慧，或許再加上一點實在的幽默感，問自己：「假設我知道，我要應對個人事務，就必須做到哪些事，那我會碰到什麼障礙？」假如我們不持續建造內心那片平靜的湖水，幫助我們清楚看見周圍事情的反映，或許反覆回頭詢問自己原因會有益處。

傑克．康菲爾德提醒我們：「身為人類，我們對苦難忠貞不二。」雖然每個人對這句話的感受不同，但多數人都能回想起自己試著改變生活時，那種緊繃的心情。雖然這種狀態不好對付，但因為代價太高，我們難以忽略。

減輕傷害的基本能力是陪伴自

"I can cure your back problem, but there's a risk that you'll be left with nothing to talk about."

「我可以治好你的背痛，
但風險是以後你就沒得抱怨了。」

己——培養自己和內心的關係。出自非常健康的理由，我們許多人或許會一度失去陪伴自己的耐性，覺得自己必須離開。促成這種情形的一個成因是我們對他人如何看待我們很敏感，也致力塑造自我形象，這有可能損害我們完全代謝掉種種經驗的能力，令我們容易陷入飽和與心力交瘁的狀態。當然，我們要如何正確地表現悲傷、社會期待看見哪種倖存者形象、我們又應該以哪種方式處理任何人生情況才令人欽佩，與此相關的所有來自廣大社會的信息，都和我們給自己的壓力密切相關。

有位十八歲女孩描述她第一次回到哥哥逝世的地方時，心裡感到的壓力——那裡是他們度過童年的地方，兩人也都曾在那裡工作。「我不想要人們看見我哭泣。我想表現得堅強一點，讓他們知道我可以自己打理事情。」她解釋，「我以為我能控制自己的感受，把一切悶在心裡。」雖然他過世後數個月，她還繼續長時間在同一個地點工作，但一直到十八個月後，有了另一個人的陪伴，她才終於允許自己卸下心防；直到那時，她才讓淚水自由奔流。另一位高中時被性侵的受害者也表現出必須振作的類似負擔。「我不希望人們覺得我不堪一擊。我要他們看見我的堅強。脆弱反而會令我想起那次侵犯。」她說。

我們多數人每天也會給自己壓力，希望表現完美。不論老少，當我們將重得不可思議的壓力加在自己身上，要求自己每一次都要做對每件事，這有可能會損害我們有效、有意義地關照自己的能力。一位警官和我分享：「身為警官，我們不能讓自己露出脆弱的一面。我們不能讓心愛的人受傷害。我們不能允許自己脆弱是因為工作很危險，因為大眾有可能抨擊，我們面對的法律議題或媒體也不允許我們脆弱。因此，我們沒有辦法表現脆弱，這意味著我們不准自己相信我們需要幫助，任何一種幫助，甚至也不相信我們有可能得到幫助。」勇氣與再生中心創辦人帕克・巴默爾（Parker Palmer）提醒我們：「完整並不意味著完美：完整意味著接受破裂是人生不可或缺的一部分。」

培養接納與陪伴自己的能力，是讓我們的人生繼續走下去最重要的步驟之一——接納自己是指接受自我的本貌，而不是我們認為自己應該表現出的樣子。我曾在同一週聽到焦點小組的十六歲青少年和員工會議中的成人專業人士說：「白天和注意力分散的時候我大致還好，但只剩下自己一個時，或是入夜以後，所有思緒都會湧上來，彷彿將我淹沒。我無法獨自一人。」不論日夜，當我們找事情來麻木自己，或用忙碌來分散自己的注意力，個人或集體受傷的程度，都會因為我們忍受不了與自己共處而顯著升高。

如果小心處理，覺得自己有必要逃開的感受本身並不是問題。我在約翰尼斯堡的種族隔離博物館讀到這行字時，停頓了好一陣子：「假如無法讓問題順水流走，起碼可以讓問題暫且漂浮不動。」假如你想整天或用一個鐘頭沉迷於你最愛看的節目，請鄭重其事地做。「我打算不間斷地看完六季影集。來吧，寶貝！」這種心態截然不同於「哇！天知道我的週末發生什麼事，我的手機就開始自動地一集集播放，我想，既然播了就播了，我不想失禮地按下停止鍵！」對我們暫且沉迷的其他事物也是一樣。

請停下來察覺自己，做出有心的選擇，不要下意識地找人陪伴，或盲目栽進任何藥物、物品或活動中。

少即是多

人生中鐵定有苦不堪言的時候，在那種時候，就算幾分鐘也忍受不了外在現實，遑論永遠活在現實中——巧妙地轉移注意力，轉移我們的焦點，多半可以迅速紓解我們個人和集體的不堪負荷感，又不會在我們已經寫得滿滿的待辦清單上，增添數不清的困難步驟。從自尊的角度來看，我們應該提醒自己，我們經歷的傷痛、掙扎與難關，往往並非避免不了。因此，在人生真的不堪忍受的時刻，我們也應該知道自己能找到出路。哲學家尚—保羅．沙特（Jean-Paul Sartre）認為天才「不是天賦，而是人被逼急了，便無中生有」。

不用說，我們當然希望自己可以盡可能未雨綢繆、先發制人。一位庭園設計師發現我們完全沒有照顧庭院時正色告訴我：「如果這個區域的土地太乾，就會變得怕水，不容易吸收水分。甚至……完全吸收不了水分。」我們可別讓自己落入那種境地。

我記得藏傳佛教比丘尼佩瑪・丘卓（Pema Chödrön）弘法時談到，不論我們正在做什麼，都會愈來愈熟練。善惡皆然。我發現記住這個問題有助我度過一天：這是我希望愈來愈熟練的事嗎？我有可能是在家為家人收拾善後，或是深思最近的一件政治倡議，或是擔心一切數不盡可以擔心的事。有時當我記得告訴自己少即是多，這句話也會提醒我要留意自己是為哪一個目的付出（思考還是行動），明白要放下哪些事，順其自然。

拜我女兒的朋友之賜，我才明白人必須有自覺，知道要為哪個目的、在什麼時機付出。請想像六年級，學校開第一場舞會……那在學校裡可是一件天大的事，你得知道自己要穿什麼、和誰一起去、在哪裡準備、和誰跳舞……要操心的事不少。我是預定接送一群女孩回家的家長，當她們走向我時，我試著解讀過去這三小時她們過得如何。她們上車後，我問道：「那麼……舞會如何？」這位朋友用一句話嫌惡地下結論：「我覺得根本不值得打扮成這樣。」有時我們會在想像中編織故事，以為自己必須使出全力應對——回想起來才知道，根本不用那麼費勁，夠用就好。

請記住：雖然看起來不相干，但微小的選擇有可能造成不可估量的衝擊。本書將近完稿時，有次我在一間擁擠的餐廳獨自等候帶位。當我被帶到一個兩人座位時，我提議讓給等在我後面的兩個女子，我可以等一人座位空出來。幾分鐘後，我還在排隊，看完手機抬起頭時，才發現一名男子站在我面前。他輕聲說：「妳真好，讓位給別人。我只是想讓妳知道，今天妳讓我重新對人類產生信心。」

當我們沒有用心避開或應對不堪負荷的感受，瀕臨情緒飽和時，我們也容易落入有害的狀態，包括（但不限於）：

- 注意力渙散
- 心靈疏離
- 依附
- 情感耗竭

我們愈瀕臨飽和，就愈會陷入這些模式；我們愈是陷入這些模式，就愈瀕臨飽和。但一旦我們能辨識出這些模式，就有機會因應並紓解，採用有建樹的作法加以代謝：

- 當我們讓自己分心→我們可以專注於心裡的意圖

"I had my own blog for a while, but I decided to go back to just pointless, incessant barking."

「我開部落格已經一陣子了，
但我還是決定回來沒頭沒腦地吠個不停。」

- ■當我們感覺疏離→我們可以設法參與
- ■假如我們感覺自己變得依附、鑽牛角尖或防備心重→我們可以開導自己，變得更有好奇心
- ■當我們情感耗竭→我們可以尋求資源來提振精神

「少即是多」這個方法的回報就在這裡。讓我們集中心力少做有害自己的事、多給自己支持。你也許能和我一樣發現，聚焦於我們能掌控的事，能減少不堪負荷的負擔，恢復我們的洞察力，穩定我們的身心，給予我們掌握未來的力量。有能力在任何時候找出有利我們的出路，需要一種持續的內在對話——而要付出的努力也許不多。依據「邊際效益總和」（aggregation of marginal gains）的原則，如果你在幾個領域的邊緣做出百分之一的改善，累積的收穫將很可觀。閱讀以下章節時，請持續思

考：你要如何調整應對心力交瘁的指針，一次前進百分之一？

我的「完美風暴」並沒有永久盤旋，但當然也絕不是我會面對的最後一場風暴。還會有很多風暴產生。關鍵是要造好你能取暖的火堆，等風暴遠去。這些火堆，這些例行公事、習慣、關係，還有你建立的因應機制，能幫助你把雨水看成養分，而不是洪水。

——提姆，費里斯（Tim Ferriss），作家、創業家

第4章

少分神，多用心

隆冬的一日傍晚，我的車子裡塞滿了參加游泳隊的孩子；輪到我來接送大家回家了。那天下午一團混亂，沒有一件事照預定完成。我向渾身濕答答、散發氯味的游泳隊員道歉，解釋自己必須趕快停車去買外帶食物。我下車跑進餐廳，突然站到服務台前。年輕的女帶位員抬頭問我需要什麼協助。我告訴她我有預約點餐，但過了時間才來拿。她說：「好的，您的名字是？」我站在那裡。她看著我。我又站了一會兒。她又看看我。最後我說：「好問題。」我想不起自己的名字了。話一出口，坐在我右邊吧台的女子就噴出飲料，笑了出來。待我終於想起自己的名字，我拿了食物轉身離開，心裡非常懊惱。背後傳來帶位員的聲音：「祝您好運……您知道的……事事順心，還有記住您的名字！」

我們有可能因為自己的一切遭遇而瀕臨情緒飽和，連對很基本的事也會心煩意亂。你知道的，好比記不住自己的名字。

此外，當力不從心的感受降低我們的防禦，我們的多巴胺有可能在許多種分神狀態下竄升。作家與哲學家阿道斯・赫胥黎（Aldous Huxley）描述，人類「幾乎無止盡地渴望分神」，他也警告：「報章雜誌、廣播、電影的某個用途對民主的續存不可或缺。但另一個用法卻讓它們成為獨裁者的軍械庫中最強力的武器。」

我們能否理解朋友或家人在試圖與我們交談時所說的話、不論我們是否用心追蹤政治與世界新聞，要減輕不堪負荷的感受，基本要件是有意識，知道自己的焦點在哪裡、為什麼要放在那裡。當然，第一步是辨認是什麼讓自己分神。

你分神了嗎？

我知道這不是我留意到人們分神的第一個地方，但可能因為深受困擾，我確實會發現，我的孩子與她們的朋友老是在用手機。螢幕令人分心。這似乎發生在一夜之間，但我知道當然不是這樣。

老實說，我和我的伴侶，還有許多其他大人，都是很糟糕的行為榜樣。很糟糕。我耽溺螢幕的時間，比和我相處的孩子及青少年耽溺螢幕的時間還多，一部分是因為

第 4 章
少分神，多用心

「噢，天啊，我出生了！」

我們知道，盯著螢幕對他們正在發育的大腦的影響，不同於對我們不斷退化的大腦的影響，雖然過度關注螢幕對我們也不好。盯著螢幕分神，是我們當代普遍的關切焦點。雖然研究不斷揭露花時間看螢幕帶來的各種效應，不論是看著遊樂器還是社交媒體平台的螢幕，都影響人們的大腦很深，但最令我印象深刻的還是聽見很多年輕人說，螢幕已經成為他們生活中的一大重心。

我訪談過的人一個個告訴我，他們覺得整個社交媒體現象已經令他們的生活失控，那是個「虛假的世界」，但他們也感覺不出自己有其他可行選項。「我想離開的時候，就會感覺到我的人際關係下滑。我不會特地傳文字訊息聯絡某些人，但假如我們給彼此傳快照，那我們就還是朋友，對吧？」另一個青少年說：「社交媒體是青少年圈很重要的基礎。只要離開社交媒體，就等於放棄你的社群。高中生活有一大半都發生在手機裡。」和我談過話的人，沒有人提出辯詞，而不管這些見解有多麼深入地剖析一切有害的影響（感覺受排擠、地位焦慮、見到別人完美策畫的生活會做何感受），底下還是潛伏著一股希望找到出路的疑慮。

我們從按讚得到的正面回饋或從手機 app 與網站得到的評語，都加重了我們對螢幕的沉溺，但就連發明那些科技養大我們癮頭的人，也試圖脫離媒體。開發「按讚」鈕的臉書工程師賈斯汀．羅森斯坦（Justin Rosenstein）描述臉書的按讚功能是「發出假愉悅感的明亮叮噹聲，既空洞又誘人」。依據《衛報》的一篇文章，羅森斯坦現在「最關心的似乎是一天觸碰、滑或接手機兩千六百一十七次的人，出現什麼心理效應。除了上癮的手機用戶，也有愈來愈多人關心科技助長了所謂的『持續性局部注意力』（continuous partial attention），嚴重限制了人們的專注力，有降低智商的疑慮。一項研究顯示，單是有智慧型手機在場，就會損害認知能力——就算是關機狀態也一樣。『人人都在分神，』羅森斯坦說，『隨時隨地。』」

劍橋大學的一項研究顯示，有超過三分之一的受試者覺得科技讓自己受夠了，對生活的整體滿意程度似乎也比較低。馬里蘭大學的一項研究則顯示，在英、美、中等十所大學將近一千位受訪大學生中，「明顯有一大部分人」無法自願脫離科技一整天。參與這項研究的學生表示，無法接觸手機、網路、社交媒體或電視會令他們產生強烈渴望、焦慮與憂鬱。二〇%的受試者回報的感受類似毒癮，控制力變差、戒斷症狀嚴重。蘇珊・慕勒（Susan Moeller）教授說，學生們「預期會感到挫折。但他們沒料到會產生心理效應——覺得孤單，覺得恐慌、焦慮，真正感覺到心悸」。

新聞與政治也讓人分神。持續追蹤最新的有線新聞與消息來源不等於消息靈通，也不同於明智地參與、抗拒、堅持、付出。這是另一個我們多數人讓自己分心的地方，我們因而無法專注在自己能掌控且真正要緊的事物上。檢查支持我們意識形態的消息來源（有時甚至是下意識這麼做，因為演算法已經替我們選好了），並對最新的政治轉折表示激憤，能給予我們短期的情感愉悅。但這不是一種理想的習慣。喜劇演員與電視節目主持人史提夫・柯伯（Stephen Colbert）分享：「那種純粹兩極化的說法對享受政治紛爭的人有如一劑海洛英，但對我已不再有任何吸引力。」

作家與教育家克林特・史密斯（Clint Smith）談到愈來愈多人視社交媒體為主要的消息來源時說：「我們不僅不能低估人們讀到的新聞文章形塑其世界觀的程度，更要了解人們看見他們認識或追蹤的人……他們對那則新聞怎麼說……在在型塑著人們對世界的看法。」

"We're close to being reliant solely on renewable sources of outrage."

「我們快變得只信賴不斷再生的駭人消息來源。」

多管閒事也是分神的原因。很多青少年會因為反應過激和打嘴砲而招來負評，但成人也能夠從他們的一些健康策略中學到很多東西。不管是一群孩子突然衝進廚房，還是經過一群高中實習生身邊時，聽見那些孩子們真心對彼此說「做你自己就好」，總會讓我心頭一暖。不過，人不管到什麼年紀都仍然禁不住分心，喜歡在某人不在場時談論他，談論往往淪為八卦。猶太教說，不論正面或負面，只要說某人是非便是講八卦。我一個朋友對這點的反應是：「我還有什麼好讓人說嘴的？」

雖然社交媒體絕不是我們老是在比較自己正在做的事和可以做到的事的唯一原因，卻絕對有可能激起永久的錯失恐懼症（Fear of missing out, FOMO）。青少年與年輕人和我分享的一件事情是，社交媒體為害最深的部分在於不斷地比較自己和別人——不論是認識的人還是素昧平生的人。必須持續追蹤外界有可能助長眼前的難題，因為你還必須留意生活中實際發生什麼事、照顧我們花時間相處的人。一個十七歲青少年告訴我：「Snapchat 比較像是『噢，你沒獲得邀請耶。』Instagram 則是『噢，我沒時間玩那個。』」畢諾特．丹尼澤特—路易斯在一篇文章中說：「我聽一個大學生長篇大論地抱怨他那一代和社交媒體的關係：『我不認為我們了解這些媒體是如何嚴重地影響我們的心情與個性，』他說，『社交媒體是工具，卻變得愈來愈不可或缺，這簡直叫人抓狂。』」

社會工作者卡拉．馬克西莫（Cara Maksimow）說得好：「溝通變得貧瘠，又是透過社交媒體進行，關係與友誼就變得膚淺了。有數百或數千個『追蹤者』或『朋友』的孩子們其實很孤立，很少花時間和別人相處，從這裡生出的空虛感驅使他們更常參與社交媒體活動，久而久之就成了惡性循環。」一個家族友人就讀高二時，曾在國外待了一個月，和他的談話令我印象深刻。剛開始他很想家。離家千里讓他情緒非常低落，所以也很難融入新環境。他很清楚花更多時間看手機的誘惑可以紓解他的不安，所以非常明智地反其道而行，刪掉了他的 Snapchat 與 Instagram 應用程式。雖然有些朋友覺得困惑，但他解釋說：「每次我看手機就會覺得好寂寞。我一定要擺脫掉它。」

我們深入探討這個主題時，我認為繼續捨棄以好／壞／對／錯等鏡片來評斷事情是有幫助的。相反的，我們要提醒自己多去察覺一切來龍去脈，詢問自己：這會帶來啟發還是傷害？這麼做是有益還是有害？舉例來說，當你將注意力強力投注在外界他人身上，不論是實際的人還是網路形象，都可以暫停一下，問問自己：這樣有什麼好處？不停檢查 app，看誰和誰出去對我有任何幫助嗎？這位或那位名人今天在做什麼，這值得我花時間追蹤嗎？

我們也會因為再三回憶過去、操心未來還未發生的事而分神。再說一次，多數年輕人在國高中、大學校園的壓力，直接助長了這種早發的焦慮，其根源可能是因為剛和朋友起衝突而咬牙切齒、恐懼下一場試音或預演，或是操心要如何安然度過高中及往後的日子。

這些事當然未必會在成人之後便消失。有些人可能會有這種傾向，或者說天賦，明明是為了新體驗、新事件、新旅程做計畫或準備，卻能將事情搞得有如世界末日。（「播客救美國」〔Pod Save America〕的主持人謹慎地教導我們：「不要買綠香蕉。」）多年來，我不少同事也說過幾乎一模一樣的話：「就算事情看似平靜，我總是等著後續的事情發生。」我們可以看見人們始終以一種分神狀態在過日子——帶著某種期望或劇本，心思不在眼前的事情上。

人的神經系統演化出神經科學家所謂的負向偏誤（negativity bias），一整天都在尋找壞消息，大腦也專注於偵查可能的威脅。自古至今，雖然這套機制都有助於存活，但對我們的整體健康卻毫無幫助。我們受到制約，時時預期會有麻煩發生，有時更預期災難的到來。我的一位導師提醒我們，俗話說：「我見過不少傷心人，但傷心事大多從未發生。」

分裂的心智讓我們擺盪在回憶（過去）與幻想（未來）之間，無法專注於眼前正在發生的事。我們挖掘過去遺落了什麼，尋求飄渺不定的未來事物。作家與精神導師艾倫．沃茨（Alan Watts）提醒我們：「催促與拖延都是試圖抵抗現在的方式。」

我們也擅長以囤積物品來令自己分神。文化與商業誘使我們認為自己需要更多……更好……更酷的東西。商品多得令人眼花撩亂。在盡情塞滿虛擬購物車的同時，我們應該留意自己迴避了什麼。渴望可以造成傷害。

> 為了產生任何特定感知、情感、記憶或欲望，大腦必須強行將混沌理成秩序，將噪音化為信號……於是產生「認知的本質化」（cognitive essentializing）……我們自然而然會保留喜歡的事物。但因為神經處理程序不斷在改變，所有經驗都是稍縱即逝。它們在你伸手時滑過你的指尖，讓你

無法從中發展出深刻而長久的快樂。只是它們又近在眼前，如此誘人……因此我們不斷伸手碰觸。

基於這些原因，我們內心深處會產生一種躁動、永遠不夠、不安的感覺……（我們）渴望牢牢抓住，又為此煎熬受傷。人生彷彿是一杯水，底部有個洞，但我們仍持續倒水進去。

——瑞克・韓森博士

我們不堪負荷時落入的另一個模式是陷入憤世，藉由批評他人讓自己轉移焦點。我們知道憤世嫉俗的心態潛藏著一股極強烈的怒氣與憤懣，就算是說笑也一樣。我服務一群醫療人員時，一位醫師對她的同事們評論道：「現在在我們醫院裡，人人都憤世嫉俗得不得了。急診室瀰漫著一股氛圍，很多人都覺得病患個個只想利用我們。在你的職業生涯裡，如果最終有了這種感受，我可以理解，但如果此刻我們只在職涯的起點呢？」說到這裡，她的聲音變小。

指揮家與教師李奧納德・伯恩斯坦（Leonard Bernstein）的理論是，憤世嫉俗根植於恐懼及焦慮，其緣由是以為世界有可能在任何時候毀滅，這種真實的可能性對出生在原爆前時代的人來說是陌生的，憤世嫉俗同時也圈限了我們的抱負，導致我們對

第 4 章
少分神，多用心

（開始）

"That's what you're wearing?"

「你就穿這樣？」

即時的滿足產生不健康的渴望。作家及文化批評家瑪麗亞・波普娃（Maria Popova）解釋：「我們長大成人，變得憤世嫉俗後，也會逐漸壓抑學習的本能喜好，對世事不再好奇，變得冥頑不靈。追求即時滿足的衝動便是從這種憤世心態中誕生——正好與學習令人愉悅的長期挑戰相反。」

一位朋友分享，有一次她給一名聲稱需要錢付瓦斯費的女子幾塊錢。「妳知道她是在利用妳吧？」一個路人經過時出聲告知，「那名女士每天都在這裡用同樣的假故事向人討東西。」「我當然知道，」我朋友說：「但我是想當疑心病重到沒有人能利用的人呢？還是樂善好施、有餘力時願意給人幾塊錢的人？」

要在向現實低頭和憤世嫉俗之間找到平衡，如何拿捏尺度是最令人疲憊的事。當我們相信人人只不過是等著利用我們，難免會傾向懷疑每個人，凡事憤憤不平。評估人的處境時保有一份體恤，對人們的所作所為保持好奇心，不將別人的失誤看成是對我們的個人攻擊，有助我們抵抗憤世嫉俗的羅網。

有很長一段時間，我也總是動不動就譏諷、恐懼、焦慮、生氣。詹姆斯．鮑德溫說：「我想人們老是抓著仇恨不放的一個原因是，一旦恨意消失，他們就不得不面對傷痛了。」

值得強調的是，感覺生氣、憤怒或譏諷，和對這些感覺採取行動是有區別的。一旦牽涉行動，我們人人便要負起責任了。一群燙傷中心的醫師與護士透露他們的苦惱時讓我很是感動，他們的團隊中永遠瀰漫著一股憤世氛圍，導致他們愈來愈難繼續提供自己在生涯一開始時立志達到的高品質照護，因為多數人的這種信仰已經變成該中心的文化：「好人不會被燒傷。」

憤怒時常和地位的傷害有關，雖然並非總是如此。而地位傷害有一絲自戀的味道：並非聚焦於行為的錯誤，若是如此會使人更關心同類的惡行；相反的，它過度聚焦於憤怒者自己及其相對於別人的地位……（我們）若覺得不安或對於受到妨礙的目標欠缺控制，便容易憤怒，而且那反映了我們期待或渴望控制的程度。憤怒的目的是要回復失去的控制，或至少讓我們有重獲控制的幻覺。如果某個文化讓人很容易覺得受傷害且被貶低，某種程度上它便鼓勵了這種地位式的憤怒。

——瑪莎・納斯邦（Martha Nussbaum），哲學家、教授

練習起心動念

對我來說，如何培養專注力，有意識地致力於要做哪件事、何時去做、如何做到，一直是因應身心俱疲最重要的一條出路。威斯康辛大學麥迪遜分校健康心智中心創辦人理查・戴維森博士（Dr. Richard Davidson）經過研究發現，有四條獨立的腦迴路影響我們產生恆久的幸福感：維持正面心態或正面情感的能力、從負面心態中復原的能力、專注力，還有器量。要調整平時的心態時，我會策略性地運用這點。我會停下一會兒問自己：好吧，就處於正面心態或從不那麼正面的心態積極振作的角度來

看，我現在在哪裡？我把焦點擺在哪裡？就思想和行動來說，今天哪一部分的我展現出器量了？

約翰．費爾（John Feal）是紐約市九一一事件時進入世貿原址的第一線應變人員，他的意念，讓他在心力交瘁的個人難關中展現極大的專注力與器量。二〇〇一年，協助災難現場應變的第六天，一條重八千磅的鋼樑落在他的腳上，他身受重傷，幾近喪命。言語也難以描述他的遭遇，他好不容易脫離生死關頭後，喬恩．史都華（Jon Stewart）為飽受忽略的第一線應變人員做了一集脫口秀節目，很多人才知道他後來做了哪些事。費爾年復一年地為立法奮鬥，期望為當天及往後數年喪失性命的人，還有他們心愛的人，帶來公正的待遇。

費爾說：「有時我會覺得灰心……因為我們自稱是世上最偉大的國家，但我們卻用奇怪的方式重演歷史，讓老兵兩手空空地從戰場返家，九一一的第一線應變人員，或者說全國各地的應變人員，也都是如此……他們犧牲自己，我們卻不照顧他們。」

費爾公開分享他那段揮之不去的遭遇：「我可以不理會我受的傷，我可以不理會我在那裡五天的遭遇，但我無法不理會那股味道；也許就是這樣我才睡不飽。我一閉上眼睛，就會聞到世貿舊址的味道……不單是我這麼說，其他的九一一應變人員、第一線應變人員和志工也會說同樣的話。尤其每年到了這個時候，我一閉上眼睛，味道

第 4 章
少分神，多用心

"Just because I have thick skin doesn't mean I'm not sensitive."

「別只因為我的皮很厚，就認為我不敏感。」

就回來了。彷彿它用手蒙住我的口和鼻，教人難受。」儘管身體與情感仍然飽受折磨，他堅決幫助他人的意念卻十分驚人。從每個層次來說皆是如此。他促使法規改變、捐出一顆腎，每天早上帶狗散步去 7-11 買咖啡時，他也會買一杯給排在他後面的人。每天早上都是如此。

這種意念，這種明白自己要專注於哪樣事物、何時專注、如何專注的能力，讓我們仍然能在現代社會中行動，而不會茫然若失。意念就像河岸，讓河優雅地從中流過。

有時意念是關於設下界限。喬恩・拉維特（Jon Lovett）是前政治演講撰稿人及「歪媒體」（Crooked Media）共同創辦人。我有幸從他的一集節目窺見他是如何掌控眼前的一切事物，他為節目加入「俄羅斯玩意兒」的單元，並解釋道：「事情是這樣運作的。我們把時間設定在兩分鐘，雖然多聊聊俄羅斯也很好，但大部分時候我們的焦點應該放在其他議題上，每個人都會反覆提醒自己，不能因為一件瘋狂的事而分心，因為我們已經選好另一件瘋狂的事，不能分心去談其他事。有時我也搞不懂這是哪門子決定……不過事情有了一些發展，我們一如既往地不知道怎麼做才好。『喔，好吧，這真可怕……』但我們還是繼續前進，過我們的日子，所以……只有兩分鐘！開始吧。」

起心動念並不代表凡事都要完美。我們在談的是盡全力發揮手邊的資源，儘管事情有點混亂。我女兒的教父在她十一歲時過世。她出生時大衛在場，此後也一直是可靠而令人喜愛的存在，所以他的死令她極為傷心。他逝世後隔天，她要踢足球賽。我知道我女兒整個人心不在焉，所以請教練在賽前的一團忙亂中抽空和我談談。我迅速說明發生了什麼事。教練沉吟半晌，我彷彿可以看見他的心思在轉，試著想出他能做些什麼。好一會兒後，他說：「好，那這樣，我讓她去防守。」說完便離開了。我可以坦白說，直到今天我還是不完全清楚他的意思，不明白為什麼讓她防守是一種安慰和慰藉。但確實有效。那也許不是一般人會做的回應吧？不過，我們還是很感激他有心也認真地設法協助。

好好保護一天的開始

依你所想的開始吧！每天早上，我們都有機會帶著期望能維持一整天的專注力展開生活。很多傳統的中心宗旨都是要好好保護一天的開始。當然，如果你是想睡飽的青少年，待在床上直到最後一分鐘至關緊要，或是你每天一起床就要立即面對混亂不堪的環境，這對你可能是一大挑戰。但不需要把這件事當作是一場複雜的嚴峻考驗。不過我確實認為，不要每天睜開眼睛就拿手機，或一聽到鬧鐘起床就看新聞，多少是有幫助的。一項研究顯示，日常壓力的兩大成因是聽到政府或政客的所作所為，還有看、讀、聽新聞。為什麼要以這種方式展開我們的一天？請考慮戒掉數位癮或淨化你的平台。

就算你最多只能保護自己不受外界侵擾六十秒，也可以在一日伊始先調整你的呼吸，為這一天立下一個目標。一個可以達到的實際目標。不是「希望今天我能當個好人」。而是更具體的目標，比如「批評迎面而來時，希望我能找到三件可以感激的事」，或是「如果自己的心和腦都被恐懼占據，我會想想能啟發自己的人」。要有這樣的效果。

你會遇見、認識或發現什麼，多半取決於你採用什麼態度。多數古代文化會慎重其事地進行儀式。要獲得深度與精神，就要先煞費苦心地準備……當我們以敬意行事，偉大的事物才會決定接近我們。我們的真實生命會走到台前，生命之光會喚醒事物隱藏的美。當我們充滿敬意地走在大地上，美會決定信任我們。匆促的心與自負的腦缺乏溫柔與耐性，無法進入美的懷抱。

——約翰・奧多諾赫（John O'Donohue），詩人、哲學家

我有位同事在殺人事件中失去母親，在日記中寫一段話給母親：「我一直在看奧運。我注意到游泳選手下水前會彎下身子，舀水大力拍自己的臉和胸。我相信了解游泳這種運動的人都知道他們為什麼這麼做，但我身邊沒有這樣的人。我猜我可以用Google 搜尋真正的原因何在，但我還是編了一套自己的說法。在我看來，他們是想在下水游泳前先適應水溫，因為他們可不希望一潛入水池中就休克，身體和心臟都出現反應。這就是我這陣子的感覺，媽。我希望每天清晨我醒來時，能先用生命潑濺自己，這樣一樣，我的心、我的身體才不會在每次記起時都驚跳不已。」

雖然帶著特定意念開始你的一天，感覺綁手綁腳，但刻意繞著這個意念生活正是要點，因為我們就是要超越人類代代演化出的那些極強烈的力量。畢竟，神經科學家

說，只要是一起激發的神經元，都會串連在一塊。

掌管分神的量與強度

一旦你起心動念，那一整天就要時時警惕讓你分神的事有多少、內容是什麼，因為它們有可能妨礙你專心。演員與藝人曼迪・帕廷金（Mandy Patinkin）說：「我犯過最嚴重的公開錯誤是一開始就接下《犯罪心理》這部影集。我以為內容很不一樣。我從未想過他們每一晚、每一天，週復一週，年復一年，都要殺害和強暴所有這些女性。這對我的靈魂、我的個性都有毀滅性的影響……我不是要評判（犯罪寫實劇觀眾的）品味，但我很擔心這類影集的效應。全世界的觀眾都會看完這種節目才就寢。這實在無助於你做好夢。」

有些警報的設立目的旨在加劇對網路趨勢議題的焦慮感，我們該對其心懷警惕。不論撲向我們的焦慮感是來自持續助長分裂的仇恨言論及宣傳產業的不斷孳生，還是引起朋友和心愛的人焦慮不安的人正是自己，這種以恐懼為基礎的技倆會令我們忘記了一開始關切的核心議題，很快便會造成更多傷害而非好處。記者茱莉・貝克（Julie Beck）分享：「焦慮不是行動的必要先決條件。」伊利諾州大學厄巴納－香檳分校心

"It keeps me from looking at my phone every two seconds."

「這樣能避免我每兩秒就看手機一次。」

理學教授多蘿絲．阿爾伯蕾欽博士（Dr. Dolores Albarracin）主持的一項後設分析研究發現，「引發恐懼確實會改變人的態度、意圖與行為……假如給的訊息無法化為行動，那麼就無法獲得全面的效果。」換句話說，不要只是散播壓力與焦慮，讓別人也感覺得到，請提出具體的行動來抵抗手邊的問題並促成改變。讓我們為自己做的事立下目標，留意我們向他人分享或要求什麼。

談到他的小說《西邊出口》（*Exit West*），作家莫欣．哈密（Mohsin Hamid）分享他如何努力起心動念，掌握自己心智的走向，做出運用時間的選擇：

第4章
少分神，多用心

每位父母，不管你住在世上哪個地方，都會替孩子感到恐懼。我們送他們去學校後會發生什麼事？他們放學回家的路上會發生什麼事？沒有我們在身邊，他們要怎麼辦？就某方面來說，每位父母多少都有賴周遭社會的恩澤來照顧孩子。

而情況也提醒我們，也許社會並不如我們以為的仁慈。但我們對這點似乎無能為力。對我來說，那便是在呼喚我參與，呼喚我在政治上要活躍一點，因為社會需要我們每個人介入。事情不會自動演變成我們想要的樣子。

這或許是住在巴基斯坦教會我的事——而你知道的，在我們居住的世界，社交媒體不斷傳來嚇人的新消息、新聞等。我們變得極度焦慮，因為人類天生就對危險的東西敏感，天生如此。你知道嗎？身為作家，讀到一篇惡評，你會記恨十年；但讀了一百篇好評，到頭來卻會忘得一乾二淨。你會向城裡的一百個人打招呼，但那對你毫無意義。而只要稍微瞄到一則種族歧視的評論，接下來十年它會一直留在你腦海裡。

我們之所以會記住負面事物，是因為你知道負面事物有可能讓我們喪命。水中的那個魚鰭也許是鯊魚。藏在樹後的那抹黃色有可能是獅子。你必須覺得害怕。但巴基斯坦的當代文化就像美國文化，一直持續以嚇人的東西打擊我們。所以我們焦慮異常。我認為抵抗那種焦慮非常重要，要設法抗拒負面感受不斷流進腦海，但最後不是要變得不問政治，而是要實地積極地落實樂觀的未來。

對我來說，寫書和成為……政治活躍份子，就是這種行動的一部分。我不想日復一日地感覺焦慮。我想描繪心中理想的未來，然後寫書，盡棉薄之力，讓那個未來更有可能存在。

很多有執行職責在身的成年人，或許會了解暫時遠離科技的好處，儘管如此，他們還是難以完全戒除科技。腦部還在發育的青少年則可能還看不出遠離科技的價值何在，或者根本不曉得該如何脫離。

第一步是了解科技背後的神經科學。《衛報》美國西岸總編輯保羅．路易斯（Paul Lewis）寫過大量這類主題，發表過一篇名為〈「我們的心智有可能被劫持」：科技行家害怕智慧型手機帶來反烏托邦〉的文章。文中，作家與科技產業顧問尼爾．艾歐（Nir Eyal）解釋，數位 app 與網站內建有誘人養成上癮習慣的細膩心理學技巧——比如利用負面情感誘發對正面肯定的欲望，或提供變化多端的線上報償，創造人們的渴求。「煩悶、孤單、挫折、困惑、猶豫不決的感受，往往會激發輕微的痛苦或煩躁，促使人幾乎立刻就不假思索地採取行動，平息那種負面感受。」艾歐說。聽起來很熟悉嗎？就算我們只是覺得有點不安，可能也已經受到電腦制約，習慣開電腦上社交媒體，或拿起手機瀏覽、點擊或滑動。

網站與 app 是設計來誘人上癮的，我們經常造訪，就會養成刺激多巴胺的回饋迴路。多巴胺促使我們尋求（並持續尋求）報償，而我們的數位裝置幾乎馬上就能提供這種愉悅。但我很感激那些科技的創造者，如今也多半公開承認這些發明帶來了意料之外的後果。艾歐說：「我們應用的技術已經變成了強迫性衝動，甚至令人不可自拔地上癮。」洛倫・布萊希特（Loren Brichter）是手機 app 如今廣泛運用的下拉更新（pull-to-refresh）功能的設計師，他告訴我們：「智慧型手機是有用的工具，但令人成癮。下拉更新功能也會讓人上癮……我設計這項功能時，還不夠成熟到能想到這點。不是說現在我已經夠成熟了，但我稍微成熟了一點，我為這個不利的面向感到後悔。」

重點是我們要能務實看待事情，了解我們既有可能監控自己花在線上的時間，也能監控自己如何運用時間。就連這些技術的創始人，現在也採取措施，管理令他們分心的事物數量——安裝瀏覽器外掛程式來杜絕消息來源，讓其他大人就算在自己的裝置上也能安裝家長監控功能，安裝只要他們遠離手機就給予報償的 app，關掉推播通知，還有送孩子到確實禁止使用科技產品的學校。艾歐本人也將家裡的路由器連上電源插座計時器，每天都在固定時間切斷網路。

我們努力定下目標來使用科技時，也要記得我們不只會對這些工具上癮——我們吸收的內容可能也有問題。「讓科技公司以設計訣竅吸引用戶上鉤的同一股力量，也會鼓勵那些公司以強迫性的、令人不可抗拒的觀看方式描繪世界。」依據前 Google 策略師、「善用時間」（Time Well Spent）倡導團體共同創辦人詹姆士．威廉斯（James Williams）的說法，「注意力經濟鼓勵企業設計能抓住我們注意力的技術。如此一來，它就能讓我們的衝動凌駕於意志之上。那表示煽動性資訊會比細膩分析重要，為的是激起你的情感、怒氣、憤恨。」他接著說明公司和媒體如何、為何以這種方式來設計內容。「新聞媒體愈來愈傾向為科技公司服務，因此必須照注意力經濟的規則走才存活得下來，也就是煽動、引誘、娛樂。」內容的密集出擊刺激情感的提升，要我們持續關注，這也會造成個人與社會的大量負面衝擊。威廉斯也承認，這種趨勢也蔓延到政治場域。「（這種現象）不僅扭曲了我們對政治的看法，長久下來也會改變我們思考的方式，讓我們變得更不理性、更衝動。我們內化了媒介的動態，讓自己習慣永遠處在憤懣的認知型態。」他說。

施行紀律、訂定界限不只是為了自我保護，或許也能帶來正面影響，促進文化演變。我為一群反恐怖主意團隊專家服務時，留下很深刻的印象。這個團隊總是在處理能將人壓垮的要求，出於必要，他們得隨身帶著數位裝置。但當每個人都就位準備開會後，負責召集的專家說：「為了這場會議，我想要求每個人，包括我自己，拿開所有科技產品，這樣我們才能真正專心。」筆電關機擱在一邊時，人人似乎都鬆了一口氣。不論是決定開一場不同的會議，或是為自己、家人或朋友規畫遠離科技的一天，在緩解身心俱疲的狀態時，小改變能進一步加強我們的內在個人行動力。

心懷感恩

留意自己的焦點在哪裡和刻意心懷感恩，兩者的結合將極為有力。一週有好幾次，我會想到多年前我曾服務的一位法官。當時那堂限定法官參加的長期訓練課程即將結束，我們談到如何實際將練習帶進生活，幫助自己走下去。那位法官就坐在來自全國各地的同僚當中。他緩緩開口說：「我每天都會強迫自己在所有人離開法庭後多坐一會兒，要自己訴說一遍當天發生的所有事項。我試著找出一件有可能為一個孩子的生活減輕傷害的事，就算是一項裁決也好。如果我沒有每一天都這麼做，那我會被整片無助的泥沼淹沒。」

我們本能知道感恩會令人感覺良好。但科學支持的觀點是，感恩對我們個人和群體的健康都影響甚巨。心懷感恩時，大腦的某些部分會啟動結合和連結的感受，會釋放出神經傳導物質如多巴胺和血清素。神經科學家安東尼奧．達馬西奧博士（Dr. Antonio Damasio）說：「感恩是為了報答他人的寬大，也能維繫健康的社交行為循環。」

心懷你可以鼓起的每一滴感恩之情過生活，可以從深處保護自己。其他槍枝暴力倖存者問傑．沃德如何克服傷痛時，他告訴他們，自己在弟弟的葬禮後去看了醫生。傑告訴醫生他不曉得如何繼續生活。半點頭緒也沒有。醫生用溫柔的聲音說：「傑，假如在這個事件後，你能試著過日子……好好過日子……亞當會以你為榮。」自此之後，好好過日子成為傑的信條，他參加鐵人賽、到國外工作、和小姪女們從事體育運動。他不再認為一切都來得理所當然。柯林．華納（Colin Warner）為了沒有犯的罪坐了二十年冤獄，出獄後談起自己如何繼續過日子時，他提到專注力和感恩，並分享道：「我今天的任務僅僅是試著超越那段經驗，繼續生活。」

請後退一步，體認我們絕對有機會付出心力，為世界帶來正面影響，能神奇地幫助我們保持展望、減輕心力交瘁的感受。我曾與一位工程師共事，他對這份工作帶來的創傷遭遇渾然不覺，不知道自己的角色變成內容審核員後，要花好幾個鐘頭的時間審查恐怖的影像。他分享道：「我的伴侶老是說我很快樂，但我看見的是不堪入目的東西。我想我很快樂是因為我覺得自己確實幫上了忙，好像我做這些事很重要。」

我遇見的一位護士也啟發了我，她很擔心自己的挫敗感愈來愈深，於是決定設法解決問題，每次輪班完離開醫院前，她都會特地去找每位病人，為他們和自己相處時的某件事表示感謝。她承認有時她得挖空心思找出這件事，但她下定決心這麼做，也很驚訝這個舉動是如何大大地幫助她保有照顧病人的能力。

我從未見過屠圖大主教錯過任何一次感謝他人的機會。

——道格拉斯・亞伯拉姆（Douglas Abrams），作者

我鼓勵讀者嘗試幾個方法來表示感恩，然後將之化為每天的儀式——不論是聚焦於順利進行的事，還是提醒自己要去感謝某件事。方法很簡單：就寢前和醒來一睜開眼，你就在心裡想著一件你感謝的事。很多文化與傳統都以三餐作為感謝飽餐的時機，通常桌邊的每個人都會獲邀共同說出感謝，或分享他們當天的高低潮。我知道有些教師、團體領袖、記者、執行長會利用團隊集合的機會，邀請每個人說一件他們感

激的事。如果我告訴人們這件事時，他們露出覺得噁心的表情，我會向他們保證，他們不用碰觸彼此，眼神也不用接觸，更不用在會議桌上點一根蠟燭。只要讓每個人都靠攏過來，說一件他們察覺到進行得很順利的事就行了。即使是這種小事，也能幫助我們脫離艱難的現狀，走進充滿可能性的場域。

運用紀律幫助自己維繫洞察力

由於我們肩上有不少重擔，身邊有很多刺激，世界各地更是有層出不窮的事在發生……有時要訂定目標來導引自己的注意力，比持續抵抗周圍令人分神的事物更累人。請拿出紀律，不過也要溫柔。就像撥吉他弦一樣：栓得太緊弦會斷，太鬆則彈不出聲音來。

在我們的個人生活和集體歷史中，都有著看似毫無轉圜餘地的事件，在那些時候，感恩與希望之地深深沉到悲傷的海平面底下，令人不敢相信它們存在。但我們內心都有從那些時刻昇華的神聖能力，令我們看見更大的局面及其所有的複雜性、互補性、時間流轉，從眼前的事物中，我們發現的不是虛假的慰藉，而是最真實無疑的安慰：洞察力的慰藉。

——瑪麗亞・波普娃

我悵然若失時，有時會下意識回想起人生中最悲傷的時刻，這時聚焦於目標就是我的救贖。我人生中最大的渴望就是生兒育女。想成家的莫大渴望，加上我在長年的創傷工作中看過無數的悲劇發生，留下許多難以忘懷的片刻。我第二次懷孕時，大女兒十八個月大。雖然我既要育兒又要繼續工作，但在某種層次上，我不是那麼容易出現神經官能症狀。不過就我現在對一切壓力的實際理解，我在懷孕期間還是過於憂心忡忡。大約八週的時候，我開始出現症狀。每次懷孕，我都會出現強迫症，進浴室必會默默祈禱：「拜託不要有任何出血。」我一直沒有出血。我這樣祈禱過無數回。但這次真的出狀況了。雖然我一心覺得「不可能發生這種事，不可能的，我想不會這樣。不會發生這種事的。」但過了幾個小時，我突然在家流產了。我打開浴室門，牢牢攀著洗手台，試著在劇痛中保持平衡。

這整段慘痛考驗給我最深刻的回憶是我女兒出現在浴室門口那一刻。她頂著大大的金色爆炸頭，陽光從她背後灑進走廊。她來向我討蘋果吃。

家裡只有我們兩個人在，孩子耐心等我拿蘋果，而我正在流產。對我來說，這是

"Maybe you shouldn't send out e-mails when you're tired."

「你很累的時候，也許不該寄電子郵件。」

我人生中最難忘的一刻，我把心思放在別處，想著相對不那麼緊急的事，那種安慰真是不、可、思、議。我振作起來，把心思轉到她的要求上。我走進廚房找蘋果，洗洗切好後，讓女兒坐好吃點心。當時的我當然不清楚後來身體要承受多少痛楚，也不知道流產會帶來難以言喻的悲傷。但有時我想到那段時期，會想起外在焦點暫時帶給我的安慰，把心思集中在眼前的緊急事態之外並不是背叛，把焦點放寬才能撐過一切，有時這是讓事情變得可以忍受的唯一方法。

我很欣賞歷史學家與作家桃莉絲・基恩斯・古德溫（Doris Kearns

Goodwin）在一場會議中的談話，她提到運用紀律的好處。她列出一長串美國總統的名字，他們都會定期寫信，但從未打算寄出。他們寫信是為了充分表達內心的情緒、排解自己的感受。這種作法特別適合今日的數位時代。我們張貼訊息或發推文時，似乎全憑衝動、不假思索。我們沒有思考自己的話可能會如何影響他人。

當我們集中全部心思，減少一切衝動，就比較能做出有助於長久奮戰的決策。讓我們更親近自己的感受，如此一來，才能知道如何以更有用處、更有回報的方式紓解這些感受。

> 我們必須盡量以清楚的頭腦來思考人類的一切，因為我們仍然是彼此唯一的希望。
>
> ——詹姆斯・鮑德溫

第5章

少疏離，多參與

我們家心愛的狗兒罹癌時，我們盡一切力量幫助牠沒有痛苦地走向生命終點。由於羅威那犬健壯無比，需要大量止痛藥，所以我們給牠的鎮靜劑根本差不多是給馬的劑量。我們都照顧著牠，但每天負責餵牠吃藥的是我的女兒們。有一天她們不在，我拿起牠的藥袋時想到：「那我上次吃藥是什麼時候？」於是我把自己的維他命統統拿出來，並倒了一杯水，咕嘟吞下所有藥片。然後我轉身看著桌台，維他命竟還擺在那兒。那一刻我才明白，我吞下了我們家羅威那犬的所有藥片。

呆站了一分鐘後，我決定打電話給獸醫。動物醫院接電話的醫護人員似乎不怎麼可靠，所以我又打給毒物控制中心（請注意，我以前從未打電話給毒物控制中心。我和我照顧過的每個孩子都不需要。但當時我就站在廚房，替自己撥打電話給毒物控制中心）。藥劑師接起電話時，我說：「我剛剛做了世界上最愚蠢的事。」接著從頭到尾描述一遍事情經過。她在電話那頭停頓了好一陣子，最後才說：「這種事司空見慣。」

或許你也碰過這種時刻，知道想安慰你的人說的話不完全是真的。我想我們都同意，這不是司空見慣的事：不會有哪一個四十七歲女性只因為對自己和周圍環境漫不經心，於是拿家裡羅威那犬的藥來吃，再打電話去毒物控制中心求援的。但那時我不在乎，因為單是知道有人在那裡提醒我，我並不孤單，就令人心安不少了。

一篇篇報告紀錄證明，雖然目的在連結人群、想法與資訊的科技愈來愈多，各年齡層的人還是愈來愈覺得自己有社交與人際疏離的情形。為什麼？嗯，我們的身、心、靈能承受的只有那麼多。不堪負荷的時候，我們就有可能切斷連結，因為這一切負擔都太過了，或感覺太沉重了。感覺不再認識自己，與周圍環境疏離，有可能是久遠以前幫助我們度過難關的有意識或潛意識的策略。但假如我們不處理那些過去和眼前的狀況，假如我們不持續磨練自己與他人保持連結的能力，就算感覺搖搖欲墜也不放棄，便可能有意識或下意識變得疏離。我們有可能因為選擇讓自己暴露在那種情況中，或湊巧暴露在那種情況中，而在不知不覺中逐漸切斷與自己的連結。在一場恐怖攻擊剛發生後，我和一位十八歲女孩談話，問到她如何因應時，她回答：「我試著不要老是去想那件事。至少現在不要。如果常去想，我會覺得無法負荷。」這種自覺是一種天賦。有時稍微保持一點距離（甚至與自己保持一點距離）確實是有幫助的，但這種時候的關鍵是要有強烈的自覺，要求自己只要有能力，就必須完整重建人我關係，一刻也不遲疑。

疏離是什麼樣子？我們疏離而無心時，往往是麻木不仁的。我們心灰意懶、冷眼旁觀。我們行住坐臥彷彿都少了一分心思。無法全神貫注地參與當下，可能會為自己帶來後患，也會大量衝擊我們與他人的互動與關係。

我是這麼做的……我每天上班會刻意花很多時間慢慢走廊道，或是不搭電梯改走樓梯，這樣我才有時間提醒自己，反覆告訴自己：「別當膽小鬼。別當膽小鬼。別當膽小鬼。」

——護士

所幸我們練習有意識地參與時，便能撫慰不堪負荷的感受。我的一個律師朋友在中國的一間大型美國科技公司服務，他說自從他的母親過世後，「參與當下？我一點也不想參與！我只想走得愈遠愈好。一點也不想參與當下。」但我們卻步、評判、操縱，或是與令人難受的情況拉開距離時，同時也失去了排解並轉化那種不快的機會。我們還是可以試著釐清自己的思緒及感受，不被內在亂流弄得暈頭轉向。當然，過程也有一部分是要你去辨清、承認我們是在人生中的哪些時刻、哪些地方感到疏離……

你疏離嗎？

我們要密切留意自己是否疏離的一部分原因是，在疏離狀態下，我們無法穩當地判斷自己有沒有造成傷害。一位少年輔育之家的工作人員和我分享：「孩子們都說我像沒有心的錫樵夫[1]，連我的孩子也這麼說。」

我屢屢看見一連串傷害是如何從內心開始，也可以從內心遏止。就算我們想挺身而出，公平對待他人、照顧他人、關心地方及世界的大小事，但要達到目標，同時又要關照自己的血壓、留意情緒、好好照顧健康……卻往往無以為繼。於是接下來，傷害從我們的親密關係中升起，波及家人或朋友。作者及法學教授雪柔．卡欣（Sheryll Cashin）說：「社會運動者的孩子是有苦果要承擔的。」最後，傷害往往也會衝擊我們的外在自我。我們一再領悟到，自己絕對無法在傷害於內心滋長的同時，又能挺身而出，協助修復外在世界。等我們在學校成為徹頭徹尾的討厭鬼，或是變成同事們避之唯恐不及的牛鬼蛇神時，大量傷害已經堆積到家門口了。

第 5 章
少疏離，多參與

"Your inability to turn off your critical voice, combined with your fear of disappointing your overbearing, demanding father, is causing you to lose faith in your fastball."

「你無法不去聽批評的聲音，又害怕令你專橫嚴厲的父親失望，導致你無法有自信地投出快球。」

疏離的另一個重大後果是，我們無法發揮自己的參與能力。這影響到日常小事，也影響到少數的重大時刻。我們從人生中頻繁學到，儘管無法影響某個情況的結果，我們的參與仍能在製造傷害、加深煎熬、稍微改變或徹底扭轉事態發展之間，帶來不同。有時參與當下的能力確實是我們唯一的籌碼。

你明白我在說什麼，對吧？你或許曾置身敏感的情況，儘管結果終究不會改變，也改變不了（比如學校停課就是停課了，家屋遭法拍就是法拍了，醫生的診斷依舊沒有改變），但如果握有資源、消息或權力的人（學校校長、會計師或醫師）親身在場，有眼神接觸，給予你尊重，他平靜見證一切的能力會帶來巨大的影響，可以將煎熬降到最低，也可以讓有可能造成傷害的經驗化為一道難關。

一位十七歲的家庭友人提醒我，儘管親朋好友都在身邊，但她仍感受到與社會的龐大孤立時，這種參與是如何事關緊要。她高一那年，一個親密的朋友自殺殞命。將近一年後，她的父親也結束自己的生命。她艱難地度過充滿創傷的每一天，但她還是要過完高中生活，也還是要回頭盡本分。「我們現在都在處理這個年紀的孩子永遠不應該處理的事，不得不處理。人生中總有你必須努力克服的事──然後一個月後，你就得要考學術能力測驗（SAT）了。我想很多人都有同情的能力，但還稱不上同理心。你得同時在好幾個不同層面運轉，但那些層面彼此卻毫不相關。你其實根本無法想像所有這些事都屬於同一個世界。」

我在很多場合見過獨特的工作環境促進員工最佳或最差表現的例子。機場緊急聯絡中心工作人員、運輸安全管理局專員、機場警衛、空服員、其他旅遊業工作者，顯然是經常感到工作壓力不堪負荷、無法喘息的人。但對傑・沃德來說，在他弟弟被殺的頭幾個關鍵小時，航空業工作人員的在場，有著重大而長遠的影響。那一天，那些員工一個接一個發揮了在場的力量。

他接到亞當過世的通知電話時，雖然心亂如麻的父母沒辦法說清來龍去脈，但他清楚聽見他們懇求他「請馬上回來，求求你」。傑和妹妹住在不同城市，和父母分居東西兩岸，但一個友人代表傑聯繫航空公司時，那天當班的人員竭盡所能地提供協助。他和妹妹的座位被安排在飛機一降落就能下機的地方。航空公司派人在機場和他們碰面，陪他們通關，帶他們到一間房裡候機。在數個班機取消又錯過轉機航班後，每家航空公司和機場工作人員都盡力帶他們順利無礙地通過各機場，穿過飛機跑道和大廳，同時試圖擋住機場裡數不清的電視螢幕，螢幕上正周而復始地報導並重播那場槍擊事件。踏進父母家門前的最後一步，飛機上坐滿了一同上機採訪，並向遭槍擊而倒下的同事們致敬的記者與通訊員。空服員站著守護傑和他的妹妹，確保沒有人不請自來，最後將他們交給在家鄉機場等候的親愛的家人。

傑和我分享了很多很多他和家人獲得幫助、度過悲劇的故事。他談到每一位航空業的陌生人時，語氣更是真摯動人。可能正因為他們不是兒時朋友，不是家庭牧師，不是鄰居，也不是他們目前的社區鄉親。可能正因為他們每一個人，每一個在令人心碎不已的那天幫助傑和他妹妹盡快橫越美國兩岸的人，都表現出了純粹的人道精神。沒有人分神辯論槍枝議題，或是討論職場安全等其他事。每個人都代表受苦的人，發揮參與的能力，因而展現出無比的厚道，敬重一個家族的尊嚴。

在難關過去多年後，我們回想起事情發生的經過，有時記得最清楚的還是曾經有一個人，在那一刻讓事情倏然改變，不管是好的改變還是不好的改變。不論是正式或非正式的角色，我們每個人平時都有無數機會可以發揮自己的參與能力。我們確實有本事為人生中遇到的人伸出援手。

練習參與

這裡的好消息是，疏離沒有我們所認為的那麼難以補救。我們內在的生態系統毫無疑問需要我們照料。當我們投注心力關照自己的身心，自然而然就能讓自己主動參與。我們的內在系統一旦穩定下來，扎好生理和化學基礎，心靈就比較容易獲得平靜，更能意識到周圍環境的一切。

戒癮

首先，你要每天致力進行戒癮功課。要怎麼做？選項多如牛毛。一個出發點是消

第 5 章
少疏離，多參與

"Look, you seem nice, and I don't want to hurt your feelings, but I was really drunk when we met, got married and bought this house."

「我跟你說，你似乎是個好人，我也不想傷害你，
不過我們相遇、結婚、買這棟房子的時候，
我實在都醉得一塌糊塗。」

除或減少生活中具有毒性、上癮性、害處的事物，不論是酒精、藥物、白糖、咖啡因、尼古丁，還是高度加工食品，當然還有螢幕。此外，多喝水。說比做容易，我知道。一次前進一步。少就是多。

在和人們談論相關主題的經驗中，我最滿意的是有一次，我和一大群人討論如果我們二十四小時都不碰大家依賴的事物，事情會變得如何。我先說明我指的不是雞尾酒時間（雖然你有可能一天比一天更早開喝），也不是你習慣嗑的藥或漫不經心服用的藥劑。我說的只是二十四小時不

碰咖啡因、糖、尼古丁和高度加工食品。很多人會因為這個點子看似荒謬而笑出聲來，其中一位沒這種幽默感的社群成員要大夥注意，她一本正經地說：「噢……所以說……基本上，妳是要求我們禁食了。」

人人可能都有一些還不至於稱作上癮的習慣，但想到要禁止碰觸那些東西一段時間，我們會變得非常、非常不安。你找不到手機時可能就有這種感覺……即使只是五分鐘看不到。你會開始流汗，感覺胃裡一陣翻攪。請留意產生這種感覺的時機。或許你能一步步戒除那樣事物，一次一點？

至於戒除螢幕的癮，在我認識的人當中，最苦於需要時時留意新聞的人，也是隨時蓄勢待發的人。他們有可能是種族歧視或仇外的對象，或是在某種現行霸權下唯恐自身安危、性命或親朋好友的幸福不保的人，他們或許沒有那麼幸運能完全遠離螢幕。這些人身上的重擔是說不出的龐大。我曾和國際網路勞工安全管理師、移民辯護律師、民權律師談過話，他們提出和同事進行一種類似駕駛安全合約的協議，這樣一來，時時監測的責任才能由當班的人分擔，減少每個人暴露在螢幕前的程度。

調節呼吸：冥想與瑜伽

為我們已經在進行的功課帶來一些方向後，接著便能考慮可以加強什麼以協助自己排解並降低心力交瘁的感受。為了達到最大效用與效率，許多古代練習與傳統主要只以調節呼吸來調整神經系統，加強我們與心智合作的能力。到了現代，以在《絕命毒師》（Breaking Bad）中的角色聞名的吉安卡洛．伊坡托（Giancarlo Esposito）談到冥想與瑜伽時也說：「我的生命就此得救——可能解救了我脫離自我的囹圄，因為它讓我能深入內心，直到我不只能與煩心的事保持一點距離，也能稍微脫離轉個不停的心智……我們都是思想家，求知若渴，很多人都是……對我來說，冥想真的非常有助於關掉那個開關。」

做這種練習的一部分關鍵是，找出一個對你有用的核心解答，同時保持心胸開放，順其自然。我的堂兄喬拿．李普斯基（Jonah Lipsky）研習冥想多年，他也協助布朗大學進行研究，點出有時會在冥想時或冥想後遭遇的一些難題。與其靜坐，偶爾花心思動一動對我們可能更好——看是打太極、氣功，甚至緩慢且專注當下地行走也好。

瑜伽是另一個練習動功的例子，據發現，瑜伽有助促進長期記憶與神經的健全發展，還能大幅降低創傷後壓力症狀，例如比較少出現強制性的思維，也比較不會感覺身心分離。貝塞爾．范德寇博士說：「作用力會從科學家說的內感受（interoception）開始，也就是我們對細膩的感官、源自身體的感受產生自覺：自覺愈高，我們掌控人生的潛力也愈高。察覺到自己的感受，是了解自己為什麼產生那種感受的第一步。假如我們能察覺到內在和外在環境的持續變化，就能驅動自己來掌控情況。」

保持活躍

保持活躍是有益的。只要有時機，只要有辦法，都要保持活躍。你的心、身、靈的活躍。

生理能力狀態、財務狀況、時間——這些都不是障礙。要用心專注在自己的呼吸上，確保神經系統內沒有任何僵滯麻木，方法非常多樣，包括祈禱與吟唱，或是吹薩克斯風與跳舞。選項無窮無盡。除非醫師有囑咐身體活動量不要太大，假如可以的話，提升你的心跳率、揮灑汗水，據證明能帶來具體而持久的益處。請找出對你有用的方法，每天持續進行。原因如下。

"I'm glad to see that almost everyone has been taking advantage of the new executive fitness center."

「我很高興看到『幾乎』每個人都能好好利用新的高管健身中心。」

運動，快走也算，能提升精力水準，刺激大腦分泌血清素，讓心智變得更明晰，進而讓你更能參與。歌手與歌曲創作者布魯斯・史普林斯汀（Bruce Springsteen）在自傳中勇敢透露自己人生的難關，例如他持續與焦慮及憂鬱搏鬥，他也討論了他身為音樂人，聲嘶力竭地唱歌是有療癒作用的。他指出，當你「筋疲力盡到連焦慮也焦慮不起來，托這點的福，最後你就回到了當下」。

力不從心是焦慮的常見症狀，美國心理學會的研究顯示，養成運動習慣有可能降低焦慮，因為人在身體活動、恐慌發作、廣泛焦慮來襲時都有心跳加快、呼吸急促、大量流汗等症狀，而運動能降低人對這些症狀的敏感度。如此一來，感覺焦慮與心力交瘁時就比較不會那麼驚惶或虛弱。我和一位曾有嚴重社交焦慮的大學生談過話。這位勇猛的運動員告訴我：「有時我會在感覺肌肉發痠時，思考我在跑道上能做到什麼，然後告訴自己，如果我做得到，我也就能走過校園，用眼神接觸人群。」

如果那還說服不了你，不妨想想這點：有規律地活動身體的人能降低三〇%的早夭率。我很感激許多人的細心，幫助我從新框架來思考運動。「運動即良藥」（Exercise is Medicine）就是一個例子，這是美國運動醫學會（American College of Sports Medicine）率先發起的計畫，如今已經擴展到全球，該計畫鼓勵醫護人員在病患每次回診時評估其體力活動水準，再提供指引、諮詢與資源協助病患改善其身體健康。人們坦然接受運動即良藥的態度是一大鼓勵。如果你認為自己和許多人一樣，斷斷續續都有在運動，努力維持習慣、將運動看成良藥或許是有益的計畫，運動可以是預防性保健法，也可以是療方。請盡量優先培養運動習慣。找出讓自己記得運動的方法。試著把運動看成是機會而非負擔。如果你漏掉一兩次，或是幾次沒運動，那也沒問題！再試一次吧。

睡眠

研究者也很肯定睡眠的重要性，醒著時的參與能力，得力於睡眠。

依據羅徹斯特大學（University of Rochester）的一項研究，缺乏睡眠，大腦便無法清出毒素，無法定期滌淨神經通道的液體，便無法維持每日活動的高效功能。擺脫毒素可以加強我們的免疫系統，讓我們的細胞、組織、肌肉自行修復。內科醫師與哈佛醫學院睡眠研究專家查爾斯．克斯勒醫師（Dr. Charles Czeisler）說，這是我們為何需要睡眠的「第一份基於分子角度的直接實驗證據」。

至於對個人的影響，我訪談過的青少年告訴我，他們求睡若渴，卻往往無法入睡。他們在小組中大談這個話題：「黑漆漆的很可怕。我必須聽著什麼才能入睡。我的意思是，你有多少次是真正隻身一人？我一定會打開播客，也許開整晚，要不然我會一直胡思亂想個不停……然後就更覺得心力交瘁。白天有很多事讓人分心，幫助我們不去想東想西，晚上也很難不這麼做。我覺得自己老是鑽牛角尖，快發瘋了。獨處真的很難，連入睡都成問題。」

如果獲得你需要的睡眠（我們的需要各自不同）一直是難題，啟發我的專家鼓勵我們採取兩種策略：求助外界（西方或東方作法），同時擬定睡眠計畫。儘管功課還沒做完，房子還未打掃，你看的影集還沒播完，都要遵守計畫。請在這個星期、這個月、這個試驗期，將睡眠當成首要任務，執行你的睡眠計畫。

走出戶外

置身大自然一段時間也有滌淨心靈的效果，很多文化會把這看成是一種預防性的醫療形式。據證實，森林環境能降低可體松濃度、血壓、交感神經系統活動。一項日本的研究顯示，大自然對我們身心健康有無可匹敵的影響。進行「森林浴」的人不但心跳大幅降低，報告也顯示他們的放鬆程度比在都會環境中行走的人高，壓力程度則較低。歷來也認為在大自然中行走與工作記憶（working memory）的表現有關，能減少焦慮、鑽牛角尖與負面感受。

證據也顯示，接觸土壤中的微生物群系能加強免疫系統、振奮人的心情。小兒神經科專科醫師與作者瑪雅・施翠特－克萊恩醫師（Dr. Maya Shetreat-Klein）分享說：「治療病患時，我想了解的是他們問題的根源在哪裡……最後我領悟到，原來一切都來自土壤……我們體內的生物群系與我們體外的生態群系是息息相關的。」她也解釋

大自然模式

了土壤的抗抑鬱效用。「我們在大自然中碰到泥巴，土壤便會進入體內和腦部。如果園藝或健行讓你感覺非常快樂，有一部分原因可能是來自牝牛分枝桿菌（*Mycobacterium vaccae*）這種土壤微生物透過鼻腔或皮膚的小切口進入你的體內，刺激血清素分泌。」

科學證據愈來愈贊同這類軼聞的同時，連西方醫學領域也出現要人們走出戶外治療身心的運動。數十個國家的醫師正透過「公園處方」（Park Prescription）計畫開處方，指示病患花時間到公園和步道走走，就算只是去開放空間也好。在某些病例中，由於醫療機構與州立及國家公園、公家地產機構、社區夥伴的合作，醫療人員也發放免費的公園通行證。不過，

"Yes, yes, yes, I miss you, too, honey. Now put the dog on."

「好、好、好，我也想妳，甜心。給狗狗聽電話吧。」

我們並不是一定要登山或溯溪才能享受野外。走到屋外幾分鐘，看看樹木，觀察陽光如何從樹葉間灑落，就能調節我們的神經系統，幫助你應對當下。

與動物相處

動物能為處在壓力環境下的人帶來不可思議的正面效用，這點很令我感動。雖然我多年來都是和我們家心愛的羅威那犬嘉勒一起工作，牠是我的治療犬，但過去我並不完全了解，為什麼世界各地都會以動物來支持人們度過身心俱疲的難關。我首次認識到這點，是讀到一篇關於奧運選手的長文。研究者要求選手描述訓練中最累人的是什麼事、比賽本身又是如何，還有他們最後終於能回家時最期待什麼。問到他們最想念什麼，很多選手會說：「我的狗。」在我的工作坊中，當大家討論到工作者們仰賴什麼來重振精神時，有一小部分人會提到人生中的其他人，但絕大多數人提及的會是「我的狗」。

我們不能低估和動物相處的好處。經證實，這會帶來生理刺激——降低壓力荷爾蒙，提升β-內啡肽、催產素和多巴胺。不論你是和你的貓一起打盹、自願加入馬術療法的領域、選擇在歡迎狗狗的職場工作，或僅僅是停下手邊工作看著窗外的小鳥，和其他物種的連結可以令你從內心煥然一新。

譯注

1 錫樵夫（Tin Man）是童書《綠野仙蹤》（*The Wonderful Wizard of Oz*）的一個角色，全身都是錫打造的，但身體裡沒有心。

第6章

少依附，多好奇

有一天夜裡，我在開車接近加拿大邊界的途中，思索要如何解釋此行。我獲邀在隔天早上到一個「第一民族」（First Nations）的小社區，加入護理團隊，但到國外工作就是如此，往往會塞在邊界很久。雖然「度假」這個答案很誘人，但我還是決定實話實說。

亭裡的邊防人員打開小窗，親切地問我一些問題，他看起來人很友善。然後他問我到加拿大做什麼，我說：「我要到你們的一個社區工作。」他盯著我，瞬間一切都變樣了。就在那一刻，他似乎已經假定我有罪。我突然想到：「我吞了多少袋海洛英？我車裡有幾具屍體？」恐懼浸滿全身。

那位邊防人員問了我一個又一個問題。他的問題都很合理，但他的姿態卻……很粗暴。就當時的情況來說，他凶悍的程度並不合宜，問了一長串問題，我也詳盡客氣地答完後，他說：「好吧，我們要妳到裡頭來。」

那永遠是壞徵兆。裡頭的情景看起來並不樂觀。我看見一個邊防巡邏員在打電腦，其他地方也都站著巡邏人員，排成長長隊伍的人們看起來異常緊張。等了很久，他們終於叫到我的名字，巡邏亭的男士和櫃台前的巡邏人員換了位置。我始終在排隊，到頭來還是要面對第一個問問題的人。

那位邊防人員可一刻也不鬆懈。他還是很唐突，渾身充滿敵意。我耐著性子把我的講義遞給他、給他看我的網站、提供第一民族的長者聯絡資訊……但他的凶悍程度始終破表。然後他消失了起碼五分鐘，回來時粗聲說：「妳可以走了！」我好不容易出言道謝，轉身離開（當然，我的第一個反應是找意見箱，留下有建樹的訪客回饋，但我考慮了一秒後，便強迫自己走向大門）。我離開櫃台還不到半公尺，才走了兩步就聽見他說：「請再等一下。」

我深吸一口氣，心想：「拜託別來。」他從櫃台俯下身，在距離我的臉不到五公分的地方，直直望進我的眼睛，緩慢地輕聲說：「妳的工作真是有趣。」

咔嗒。他又突然變成陽光先生了。說話甜。人和善。真不知道當他的另一個化身在半公尺距離外厲聲質詢我時，他到哪兒去了，但此刻他真的變了個人。他開始娓娓道來自己長年的軍事生涯，他的同袍有半數自殺身亡，他們的工作是減輕加拿大在創傷壓力症候群方面的惡名。他問我願不願意為他的同事提供訓練。我提議給他一箱我的書，那是我為了隔天訓練時要用所帶來的——但顯然我在等候區流著冷汗排隊時，他已經從容地從網路上買了一本。道別時他給了我一個大大的擁抱。我的新哥們。

你知道嗎，涉及某些專業領域時，我們會把自己當成開關般開開關關。我們打從內心認同自己，鞭策自我全速前進，再換另一個人格（persona）來掌控他人或處理任務。那位邊防人員才從座位移開半公尺，似乎就徹頭徹尾變了個人。我不曉得他和誰出去，不曉得誰在他孩子的學校出現，不曉得他和膚色比我深或來自其他國家的人在一起時是什麼樣子。但可以察覺得出來，他似乎依附於自己的權威。然後，等他離開櫃台幾步，他就把那個傢伙關掉。我不知道我離開後他又會成為什麼人。

與依附的事物保持連結有助於調整自己的狀態。我們的態度強勢與否、說話的語氣如何、要拿捏何種步調——不論我們是對遇見的陌生人或認識的人做什麼，都能確保自己的反應合乎那個情況的需要。沒有這種持續調整，便有可能做出不切合當下情況的反應。那種不妥反應會帶來不良後果。深入了解自己、終止傲慢心態、放手不再依附，我們就能成為自己在外界和家裡所想成為的人。

我們的心智像一具分類機器，將收到的經驗依熟悉或不熟悉、好或壞來分類，好用來評估剛認識的人是敵是友。我們的情緒愈瀕臨潰堤，那具分類機器就愈是過度運轉、驟下斷語。那也是一種依附的徵象。但真相不是只有一個。當我們鬆手，放掉掌控的需求，不再一意孤行，改以好奇的態度看事情，我們就能舒緩力不從心的感受，放心接納眼下每一刻的體驗。

當然，事情不只是放手那麼簡單。有人形容練習減少依賴，就像側耳聆聽八度音中的所有音，而不只是我們熟悉的音階中的音（我們反覆吟唱的音）。理解音樂時，我們會聚焦於熟悉音階上的音；排斥音樂時，我們連不熟悉的音也沒聽清楚。只有讓音樂淹沒、流過自己，才能讓音樂充分展現自己。保持好奇心時，我們允許自己撤下心防，欣賞人生的完整樂譜。

執著是苦因。

——一行禪師

依附

評估是否處在心力交瘁的狀態時，我們應該密切觀察自己的生活中有多強烈的依附感。我們的體驗內容往往不是最大的問題，問題出在圍繞著它的那個行為，也就是依附。

依附的樣貌有很多種。我們有可能依附於自己的身分——不論是邊防巡邏人員的身分、社區組織者的身分，或是照顧者的身分；不論是關於成為校園風雲人物，還是在軍中服役；又或者你認同自己身為父母、外科醫師、經理的角色。這裡要分清楚的是，以自身角色為榮、對這個角色的認知，與依附是有所差別的。這條線也區分著「我每天都挺身而出、盡力而為，但我這個人不僅是如此」的感覺，以及每當談到處世之道就咬牙切齒的人。會有這種區別，有可能是因為我們強烈依附自己的身分，有時也可能是因為我們摸不清自己的「身分」。

有段時間，我會向我服務的人開玩笑說，假如他們把自己組織的標誌刺青在二頭肌上……那個組織就改頭換面了。他們對手邊工作的熱情會增加，但長久下來，也因受到外界影響而易受傷害。後來我在一個社區服務時，一位女子說：「妳知道嗎？妳老是開這個刺青的玩笑，但兩個星期前，我真的把我服務的單位標誌刺在身上，」她停了半晌後說：「如果妳早點來做這個訓練就好了，比如說，三個星期前？」

依附自己的身分、從中編織情節時，也是設陷阱給自己跳。我們可能需要開導自己，從更健康的角度看事情。我們的游泳隊教練甚至會告誡有衝勁而投入的年輕運動員說：「游泳是你們做的事，不代表你本人。」

"I didn't get where I am by trying to please."

「我取悅人的時候，都不曉得自己身在何方。」

我們的朋友里利夫婦的兒子從很高的樹上摔落以後，得到了一個很有啟發性的教誨。這場意外給他們的十歲兒子造成了幾個致命傷口，家人和朋友在加護病房裡長時間守夜，期望並祈禱他保住性命。菲力克斯是才華橫溢的音樂家、出色的學生，參與了許多社區事務。他家人支持菲力克斯從事各種花時間的活動，但不曾動搖他們的優先考量：灌輸孩子們優雅、謙卑、感恩的核心價值。自他摔落後，好幾個異常痛苦的星期過去了，直到有一天，妹妹走進病房，原本昏迷著毫無反應的他竟微笑了。菲力克斯甦醒了。接下來的日子裡，他勉力重拾不再能完全復原的自己，最明顯的是，漸漸可以從他的笑容中看見溫柔，我們終於又聽見他不斷對幫助他的每個人說謝謝和請。我們投注時間在學校、運動、我們的藝術目標、我們的工作上時，值得一再提醒自己，在這一切底下，我們自己究竟是誰。剝掉一切外皮以後，會浮現什麼？

依附也可能會表現在刻板行為與教條式思維的增長上。我們察覺到自己不再那麼謙卑。我們渴望腳下有堅實的土地，而對有些人來說，那意味著陷入好／壞／對／錯／你贊同我／你反對我的感受當中。這股力量會出現在育兒等議題上，或是出現在伴侶、朋友圈、社區之間的拉鋸中。可惜的是，心胸狹窄在世界各地的大小事務中造成的悲慘後果不勝枚舉。當然，心胸狹窄、堡壘密布的防禦，根源往往是恐懼。

我經常想到一位顧問告訴我女兒的話：「我們總是圍繞著弱點，結為人群。」當然，我們要感覺到自己的脆弱，便要先耐得住害怕。我們多數人不願面對內心那種恐懼的感受，所以巴不得有機會就讓腦子轉，這樣我們才能暫且鬆一口氣，從思考別的事情中獲得安慰。儘管那不過意味著贊同自己。

當我們太過在意自己的付出，在意人們的期望多高、他們有多倚賴我們去做那件事，或是在意別人對我們做的事怎麼想，這種為自己的成功進行評價的執著便會讓我們脫軌。我們會把自己的成功擺在第一位，比為廣大福祉採取行動更重要。

在我多年的職涯中，聽過不計其數的好人講述他們放棄去做哪些事（至少是暫時放棄）、原因何在的故事，他們放棄是因為受到不同情節的干擾。我服務的一位醫師

（早日康復）

"Any improvement since I brought the balloon?"

「我帶氣球來有沒有讓你好一點？」

談到她的工作捲入爭議，甚至被當成「新聞快報」流傳：「我現在過得比這些事發生前還要好，但那是因為去年我一直在認認真真地振作自己。」她停頓一會兒後說：「走過機場時，看到自己的臉出現在CNN上，那震撼真的是前所未有。」

我見過依附造成大規模傷害的另一種方式是貪婪。不管是在生活裡微不足道的貪念，或是更巨大的價值偏執，以及使各種產業肆無忌憚的權利解釋——往往也合謀著破壞人類生命、環境與民主——無論是哪一種貪婪，誠實而持續探索自己的貪婪至關緊要。有時我們覺得自己有資格得到某個地位、接觸資源，或是獲得掌控他人的權力——這些感覺一開始可能是種傾向，但現在卻僵化成了依附。如果我們內在的貪婪展現為任何造成傷害的行為，我們就必須暫且停下，探索有沒有脫離的匝道。

我發現，多數人讓情況惡化為制度時會說：「我只是依令行事／那段過程造成的結果和我無關。」這種態度導致分化、無人性、不負責的行動。人們不為其行動結果負責，無視種種小行動正累積為可怕的大後患，傷害深陷在羅網中的人，這會導致嚴重的後果。我的一位朋友為計畫領導人，處理全球各地逐漸增長的兒童剝削問題，他和我分享：「由於我們太習慣想改變事情卻改變不了的情況，所以有時我們會站開旁觀——儘管我們知道這是場災難。這是非常沒人性的事，有可能破壞一個組織的精神。我們集眾人之力是有可能扭轉情況的，但憑一己之力就做不到了。」我們失去希望時也有可能撒手不管。平等司法倡議小組（Equal Justice Initiative）創辦人與總監布萊恩．史蒂文森（Bryan Stevenson）提醒我們：「絕望持續存在時，不公便會瀰漫。」

練習保持好奇心

思索如何闡述依附這個主題時，我想到佛教強調要保持初心，或是培養開放與熱誠的態度，排除先入為主的成見。打造空間容納新體驗，並以好奇與寬大的姿態敞開心胸迎接，不假裝事事都在掌控中。

我們有可能認為兒童一般來說比成人更好奇，但我們也知道有些情況會減少他們的意願，讓他們無法敞開心胸接納掌控不來的新體驗。NW焦慮症治療中心（NW Anxiety Institute）共同創辦人凱文．阿什沃斯（Kevin Ashworth）談到，智慧型手機為焦慮、拚命想掌控周遭環境的年輕人，提供了「控制與肯定的幻覺」。「青少年覺得，如果自己知道將會發生的每一件事、認識將會在那裡的每一個人、看見每一位上網登入的人是誰，那代表他們很吃得開，但人生並不總是伴隨著那種確定感而來，他們從未練習逆來順受的技巧，不曉得要如何走進未知或令人尷尬的社交狀況，學習克服困境。」早點且經常練習這些技巧，對我們每個人都是有益的。

"I find the yoga helps me to be more irritating."

「我發現瑜伽能幫助我變得更煩躁。」

我希望人生如河水，順水生波。

——約翰．奧多諾赫（John O'Donohue）

理解我們的身體是有幫助的。方法可以很簡單：感覺到內在緊張起來時，就緩緩呼氣，垂下肩膀，放鬆下巴，花一點時間握緊再打開手幾次。這樣的小練習可以在教室，也可以在會議室進行，打電話或開車時也可以做。不必講究排場。

心懷謙卑

謙卑也是一大美德。當我們自覺在某些事物上擁有專業時，練習心懷謙卑似乎尤其重要。心懷謙卑，才能少嫌棄別人，不時時自滿地以為「我才知道青少年是什麼樣子」、「我才知道當父母是怎麼回事」、「我才知道怎麼做這工作」。謙卑讓我們在學有專精的同時，又能敞開心接納一切尚待學習的事物。保有被糾正或驚訝的意願與能力，能讓我們更靈活，體驗到學習新知的滿足感，也能幫助我們避免落入二元思考的陷阱。

製片人肯．伯恩斯（Ken Burns）製作並執導了有史以來最受讚譽的幾部歷史紀錄片，他描述自己製作越南紀錄片時，保持心胸開放的重要性。「最重要的是放下一切成見。我覺得我們總是太相信自己，今日尤其如此……我們總是信心十足……人人都自信滿滿，深信自己才知道真相是什麼。當你放下那種成見，便能獲得某些不可思議的解放。」

訪問前陸軍中將及駐北大西洋公約組織大使道格．盧特（Doug Lute）時，前國家安全會議發言人、歪媒體共同創辦人湯米．維托（Tommy Vietor）說：「你在陸軍服役三十五年，也在白宮指揮過兩次戰爭，見識過不少大風大浪，也擔任北大西洋公約組織大使……你綜觀全局的見識，我想除了美國總統之外，很少人比得上。有哪些關於何時、為何、如何指揮作戰的教訓，是我們應該學到，或許也能避免犯下某些你提到的錯誤的？……我們要如何才能做得更好？」

盧特中將回答：「我還在收拾上一個十年的包袱，你知道要釋放壓力……整頓你的思緒，需要一些時間。我有短短三個初步整理出來的個人教訓。第一點：擬定戰略沒有捷徑。」接著他解釋，在軍事學說中，戰略這個字結合了目的、管道與途徑（目標、方法與資源）；但循捷徑時，我們並未徹底了解自己要怎麼做，或是如何整合必要資源來達成目標，因此註定失敗。他繼續說：「第二點：你得在學校確實學到這點。你得要精通這門學科。」擬定戰略時，用心、專注、長時間的注意力是關鍵要點。那第三點教訓呢？「最後一點教訓很簡單，就算你曾到阿富汗出過四次任務，或是已經打仗打了十年，又或者你是情報專家，在這圈子已經有二十年經驗，說起行話頭頭是道，但你還是謙卑一點比較好。因為就我的經驗，你開始以為自己對一組問題的裡外都摸得很熟時，就有可能中了埋伏。你會陷入預料之外的情況、事實、條件、變化的情勢中。只有充分謙卑，你才能體認到自己了解的永遠不夠，才能真正高枕無憂。」

Google 前人力資源部資深副總長拉茲洛・博克（Laszlo Bock）提出謙卑是他尋找接班人的首要特質，但他也承認，尋找謙卑的成功人士並不容易。他們很少經歷失敗，所以不知道如何從失敗中學習。「沒有謙卑，就學不到教訓。」博克說。

要更加謙卑，請從你自然而然不敢鬆懈的競爭賽場學習新事物。比方說，你可能不是那麼精通彈吉他、素描、寫劇本或即興演出。請帶著一分輕鬆、自我同情、優

"Watch out for his being better at boxing than you."

「小心點，他的拳打得比你好。」

雅，努力學一點新知，只要有機會，只要做得到，再將那種不假裝自己知道、需要幫忙就隨意開口問的姿態，應用在其他生活領域。

釐清意圖

把好奇心用在工作上，可以讓我們努力不那麼在意結果，而將注意力轉移到做這項工作的意圖上。當我們反覆為自己做的事、為什麼要這麼做重新訂立框架，就能打斷自己認為做得永遠不夠，或永遠應該做到更多的感受。

在一九六三年秋季「自由選舉」（Freedom Vote）州長選戰中，數十位學生到密西西比州擔任「密西西比夏日計畫」志工。舉行這場又稱為「自由之夏」的選戰，為的是盡量鼓勵黑人選民登記。以下是寄給密西西比州傑克遜市（Jackson）委員會一位選戰專員的備忘錄摘要：

> 大多數學生是帶著這種態度來到這裡：「我知道我只會在這裡待很短一段時間，但我很樂意以任何你覺得我做得到的方式幫忙。」然而，對他們想做什麼、希望達到什麼，有些來到密西西比的學生是懷有成見的。

他們描述理想的志工人選是這樣的：

> 在密西西比工作的基本要件是，申請者必須抱持學習的態度。這不是在勸阻他們不要發揮巧手或創意，而是說申請者必須多少理解到，他的角色只是臨時的：這場運動在他離開後仍會繼續，而他的角色是為當地領導人服務，而非駕馭領袖。他得要對木已成舟的事有些敬意才做得到這點，也要了解他離開後事情仍會進行下去。他必須有能力理解，密西西比運動的成功取決於目前和未來都會居住在該州的人，他們的發展如何。一個似乎打定主意來打天下，最後衣錦榮歸的學生，對這個密西西比計畫只有壞處，沒有幫助。

特別是在處理既非一蹴可幾，也難以評估的大問題時，我們很容易執著於自己做了什麼、如何做到，而不是專心去想為什麼、目的何在。美國參議員柯瑞．布克（Cory Booker）在二〇一七年以這段話激勵賓州大學的畢業生：「我們絕不能允許自己因為沒有能力做每件事，便削弱我們要做某些事的決心。」想親眼見到成果的個人欲望，往往不是合力造成有意義的改變的關鍵。作家與歷史學家雷貝嘉．索爾尼（Rebecca Solnit）分享：「大多數的勝利是暫時的，或是不完整的，或在某方面有所妥協……當社會運動者誤把自己必須達到的目標當成天堂，而不是運籌帷幄的理念，他們會讓自己精疲力盡……除非我們登陸月球，否則別相信月球一無是處。」在個人所能掌控的事情上盡己所能地付出，是能讓唯有集體之力才能掌握的事情有所進展的一種方式。

地球的事務也是如此。我的一位導師告訴我，泰國僧侶會在村民陪同下舉行的授任儀式中，將鮮豔的橘色袈裟繫在樹上，提醒人們注意它們的神聖性，進而阻止或減緩人們濫墾森林的速度。專心做事便是付出，但也要了解個人或許無法看見成果，拒絕為此氣餒能給予你自由，讓你在有機會的時候盡力付出，儘管只是棉薄之力。我很感激一位剛進大學的朋友給我的提醒。在她的成長過程中，有很多時候是在戶外，所以對環境議題並不陌生。她開學後沒多久，上到氣候危機的課，當時離她返家過週末只剩一個月。她母親數了數她回家的日子，問她班機何時會抵達，才好去接機。她立刻傳了語氣堅決的簡訊：「媽！全球暖化了！我會搭輕軌電車回家。」

索爾尼在《黑暗中的希望》（*Hope in the Dark*）中寫道：「請讓自己變成一個小共和國，蘊含著不受征服的靈魂……假如你的行動主義已經很民主、和平、有創意，那麼在世上的這個小小的角落，這些事都獲得勝利了。」

對我們的目標為何、「成功」意味著什麼抱持強烈的好奇心，是有好處的。人生總有風險。我們必須判定哪些成分的風險是個人能掌控的，哪些又是個人不能掌控的。靈活操作自己能掌控的元素，也為自主做的決定帶來的影響負責。

由於我們多數人握有影響他人生活的權力（我們如何與孩子或心愛的人互動、要指控誰有罪、要讓誰的孩子進入寄養家庭、要讓誰獲得獎學金、判定哪一個療法有效），所以讓自己的付出奏效很重要——對我們的方法充滿信心，要求自己的行動帶來益處。只為了做而做是不夠的，因為我們的作為會產生後果影響他人。要讓自己的付出奏效，方法是減少依附「正確的方法」，不拘泥特定的做事方法，對別人已經獲得的智慧、正在運作的條件、形成那些條件的成因、如何減少傷害等，抱持更多好奇。

Photo by A. Lipsky. Santa Marta, Colombia

不要把希望寄託於成果……你也許必須面對的事實是，你做的事從表面來看是沒有價值，甚至徒勞無功的，更糟的是可能獲得和期望相反的結果。你習慣這麼想以後，就會愈來愈能專心於工作本身的價值、公正性、真相，而不是結果。

——多瑪斯．牟敦（Thomas Merton），特拉普修會修士、作家

某種程度上，在個人期望之外，這些原則是可延伸到組織結構的期望上。對我們這些實效主義者來說，受可能性的啟發與激勵，同時持續以同情心來關照現實，兩者之間有微妙的平衡。比方說，敘利亞

國內外的社會行動者、律師與其他人多年來都在蒐集施加在敘利亞人民身上的暴行與戰爭罪行的證據。但正義是長期的展望。要讓加害者接受審判可能要非常多年。倫敦大學刑法教授凱文・喬恩・海勒（Kevin Jon Heller）說：「我們多少可以抱持希望，最後的審判日終將到來……我們真的必須淡化我們的期望……還有我們對國際司法正義的成功標準。因為對我來說，危險就在這裡：期望太快達到太多目標，卻因為落空而滿心失望。」

敬重自己，訓練眼力

在追求想要的事物時，尋求平衡，並因自身所知（和我們各自的能力領域）而敬重自己，同時也能真正對他人抱持同理心，體認到「我所不知道的這點正是一切」。我們的目的是保持平衡，要保持初心又能不依附——還要能夠謙卑，但是又不讓自己的心靈與才智被他人牽著走。

歌手與作家羅珊・凱許（Rosanne Cash）說：「鍥而不捨，查明真相……我們因為缺乏安全感而把權力拱手讓給他人，甘受他們的假直覺或大權在握的得意嘴臉羞辱，這回過頭來深深傷害了我們……但我們從自信中攫取的力量拯救了我們。」

當我們鍥而不捨，查明真相，便能削弱我們的集體傾向，讓我們知道自己理解的其實並不充分，同時也允許自己不去假裝知道自己不知道的事。這項練習是矯正我們「解釋深度的幻覺」的解藥。認知科學家與教授史蒂芬·斯洛曼（Steven Sloman）與菲力浦·芬恩巴赫（Philip Fernbach）做了一項關於社交性如何影響人類心智功能的研究。他們證實，看似消息靈通的人往往很相信他人的專門知識、贊同他人（毫無潛在根據）的意見，因為他們很依賴別人的才智。「知識社群有可能變得危險，原因出在這裡，」他們寫道，「在多數情況下，深入理解不是對議題產生強烈感受的根源。」斯洛曼與芬恩巴赫從這項結論中看見機會。「假如我們，或者我們的朋友或專家學者，能少花時間高談闊論，多費心鑽研政策提案的含意，我們就會明白自己根本毫無頭緒，我們的觀點也很平庸。」

至於我們的人際關係，請帶著自尊與好奇心，從先天與後天的角度來了解一個人的氣質，你會發現更多深度。了解自己是如何成為自己，了解你的家人、朋友、同事、同志的先天個性與後天環境，能為難關帶來更多可以轉圜的餘地。

我是浩瀚的，我包羅萬象。

——華特·惠特曼（Walt Whitman），詩人

莎拉・高曼博士（Dr. Sara Gorman）與傑克・高曼博士（Dr. Jack Gorman）在《拒絕真相的人》（*Denying to the Grave: Why We Ignore the Facts That Will Save Us*）一書中探索科學已證明的真相為什麼一直與人們相信的事實有距離。他們的研究顯示，人們處理支持自己信仰的資訊時，會真真切切體驗到快感——在那一瞬間會分泌多巴胺。我們禁不住犯下確認偏誤（confirmation bias）的毛病，但批判性的思考有助我們腳踏實地。世界各地出現了愈來愈多的媒體掃盲計畫，令我受惠良多，它們的目的是幫助個人與社群，從幼童開始，磨練人們辨認錯誤訊息與假情報的必要技巧，運用反思與個人眼力，為媒體正義奉獻心力。判別並知道如何健全分析呈現在我們眼前的資訊，這種能力在今日的全球與政治氛圍中異常重要。記者比爾・莫怡斯（Bill Moyers）說：「神學院是我的問題獲得答案的地方，人生是我的答案受到質疑的地方。」

請思考一下音樂人路・瑞德（Lou Reed）與藝術家蘿瑞・安德森（Laurie Anderson）歷經數十年的奮鬥與修正，最後終於得出的三點人生信條：一、別怕任何人；二、培養嗅出廢話的敏銳嗅覺；三、真心溫柔地待人。以溫和來平衡洞察力，這實在是門藝術。他們不是唯一看出這種價值的人。

讓我們以和氣來安撫批評。我們沒有一個人是無懈可擊的。

——卡爾·沙根（Carl Sagan），天體物理學家、作家

第7章

少耗損，多耐力

我十分慶幸能躺在一片寂靜的診療室中央，周圍是熟悉的聲音，蓋著柔軟的被單。我好累、好累。我在針灸完全發揮威力前和優異的針灸師聊天，問他在緊鑼密鼓的一天後，可以做哪件事來重現血清素周遊體內系統的感覺。他把針收好，停頓了幾秒鐘，而後明確地說：「古柯鹼。」雖然我沒有走那條路，但我確實鑽研了許多選項來幫自己戰勝那道浪潮，不願被緩慢拉入疲勞的永恆遼闊之海。

我站在住家附近的池子旁和朋友談話，問她是否曾經覺得累。她呼了一口氣，犀利地說：「要處理所有一切事物，我現在的狀況大不如前了。」當然，那種完全被掏空、失去所有力氣的感受，那種空轉的感覺，並不只有老一輩的人才有。我的孩子們也累，她們的朋友們也累，我所服務的孩子們也累。不是踢完足球後回家的那種疲倦，而是打從心底覺得累。對交際往來覺得累。筋疲力盡。疲憊不已。從專業角度來看，這種能力的退化是我服務的每個領域的共通現象。問題不只是你覺得累，而是那股「我處理不來」的真實感覺。我們愈是覺得耗弱，似乎就愈提不起力氣來克服這個問題。

強烈疲勞以數不清的方式侵襲職場裡的人們，包括對細節粗心大意、拖延、錯過最後期限，還有不夠周全。在一場大型會議討論中，我敦促同事們不要習慣疲勞，也不要合力讓彼此覺得累。我分享自己的經驗，說這有可能會出現一種大家默認的倫理，也就是你多少必須像遭人踐踏的樣子，才能顯示你工作認真。一位與會者附和說：「就我的同事來說，如果某一天有人看起來像沖過澡、整理過儀容，我們都會認為他要去面試。」他的話引起滿堂笑聲。

培養精力的價值是，我們可以更從容不迫地過日子，以更多自信應對眼前發生的事。此外，出現意料外的事，需要我們發揮自己也不確定有沒有的能耐時，有一些準備、有一條不會潰裂的底限、保有一些精力，可以大幅改善我們因應情緒潰堤或舒緩不堪負荷狀態的能力。請記住，少即是多。我們不需要馬上完成一切任務。事實上，我也不建議馬上完成——這樣的成果並不持久。完成一件事就好。花點時間去完成。接著再加上其他事。慢慢完成。就像我的舉重教練說的：「這些都是小動作，但很有效。」

你耗損了嗎？

有一次旅行時，我停在奇波雷墨西哥燒烤店（Chipotle）吃晚餐。餐廳裡空無一人。我走向櫃台的年輕人，還沒開口，他指了指一片空曠的餐廳，愁容滿面地說：「嘿，我還希望一整晚都這麼空呢。」一位上晚班的朋友告訴我：「我下班回家，開車慢慢接近家門時，會一心祈禱沒有一盞燈是亮的，家裡沒有一個人醒著。」

如果我們有這麼多人累成這樣，那後果不堪設想。我們會看見愈來愈年輕的孩子喝精力飲料。人們普遍對咖啡因上癮，儘管我服務的人很有幽默感，會選一天遠離一樣他們上癮的東西，嘿……但事關咖啡因，人們就笑不出來了。

說明我們是變得如何睡眠不足，又是如何因此仰賴咖啡因時，馬修．沃克直言不諱：「已經到了濫用咖啡因的程度。」沃克解釋，咖啡因阻礙了一段重要的生物過程：「假如你十六個小時沒睡，然後喝了一杯咖啡，一杯濃縮咖啡。你的大腦本來想，我已經十六個小時沒闔眼，我又累又睏，但突然它轉而變成，喔，不，等一下。根本沒有十六個小時沒闔眼這回事，我可能才醒著六到七小時，因為咖啡因阻斷了給腦部的睡眠壓力指示。」我們想睡，是因為腺苷這種化學物質會堆積在腦部，自然而然地發出需要睡眠的暗示。即使沒有充足的睡眠，腺苷還是會堆積，最後讓腦部變得愈來愈難運作（造成疲累不堪的感受）。沃克說：「咖啡因導致的眾多問題之一是，它會阻斷那些受器，於是腺苷便持續堆積。一直一直堆積，最後當咖啡因全部自你的腦部系統排出後，你不但會回到幾個小時前想睡的狀態，在那層睡眠壓力之外，又要受這段期間累積的睡眠壓力侵襲。這就是所謂的咖啡因崩潰（caffeine crash）。現在你不只要喝一杯濃縮咖啡，你得喝兩杯。那段藥物循環過程就這麼從頭開始。」

我服務的一個團體談過他們的辦公室終於來了一台嶄新高雅的濃縮咖啡機，每天早上和下午都是員工廚房的主角，每天下午五點還會有一輛雞尾酒推車遊走廊道，推過每個人的工作區。這是真實故事。

我一位擔任公設辯護律師的朋友，曾描述自己與每天早上泡的那壺濃茶之間的親密關係。他說那壺茶有助他撐過當天早上的工作帶來的焦慮：「我害怕必須武裝起來為他人的生命負責。咖啡因是我的液體動力。」我們非常習慣在某個人生領域尋求捷徑，以致根本看不見它對其他領域的影響。我坐在籃球場邊看球賽時，曾看到一位家長拿起有五小時效力的能量飲品喝。這樣他才看得完球賽。

與其太過強調咖啡因本身的問題，我會鼓勵大家（拿出我們所有幽默感）思考，

"Two eggs, any style? My mind is reeling."

「兩顆蛋，怎麼煎？我的腦袋已經糊塗了。」

如果我們放不開咖啡因，那是出自什麼原因，也要思考如果鬆手會帶來什麼益處。就算是少喝一點都好。不論你是因為用盡全力，還是永遠感覺疲勞不堪，所以攝取咖啡因，或是因為喜歡啜飲咖啡時瀰漫全身的那種舒服的麻木感——如果你讀到這裡覺得有點緊張，我鼓勵你做個實驗，尋找也許更有長遠好處的選項。

我們也有決策疲勞（decision fatigue），即因為決策過程太長而削弱了決策的品質。心智耗損時，是無法做出良好的決策的，而太多決策或太多權衡（也就是要考慮正面與負面成分後才做決策）會消耗我們的心智。

就像肌肉疲勞，我們做的決策愈多，自我控制與意志力就變得愈弱，防備也會愈低，大腦會尋求捷徑來保持選項開放，或避免風險。我們脆弱時有變得輕率的傾向（偏好近利），容易將決策權推給他人，或是選擇保持精力（不做任何決策）。這也是為什麼在同一天的不同時刻，法官的裁決會有所不同。車子買主在買車協商時開始選擇原廠設定也是出自這個原因。

就算只是「要紙袋還是塑膠袋」的問題，決策疲勞也會發揮影響。除了面對的風險與代價很高，我們做決策的能力降低還會發生什麼事？當貧窮迫使人們持續做出風險很高的決策（要繳電費還是註冊上夜校，要省錢搭公車還是準時從托兒所接回小孩），決策疲勞可以造成巨大無比的影響。永遠都要優先考量基本需求並做出艱難的妥協，因為資源往往有限，這意味著人們無法如願為學校、工作、關係、社區、照顧自身健康效力，或在必要時挺身而出。

社會心理學家與作者羅伊・鮑麥斯特博士（Dr. Roy Baumeister）研究世界各地的決策疲勞現象。他造出「自我耗損」（ego depletion）這個詞來說明自我控制的限制。他說，當我們抗拒某樣事物太久，意志力便開始變得薄弱。好消息是：我們能避免暴露在誘惑中，進而保有意志力。但當誘惑似乎無所不在時，就很難做到這點了。研究顯示，一般來說，人們一天中會積極避開某些類別的欲望（美食、睡眠、休閒、看手機、上網）的長度是三到四小時。不論你是要決定修哪堂課、做哪樣差事，不論你是要決定點湯品或三明治、打電話給父母還是吃甜點，這些統統會造成你的決策疲勞。要判定你是在什麼時候耗盡氣力並不容易。記者暨作者約翰．堤爾尼（John Tierney）解釋：「自我耗損的表現不是一種感受，而是一種想更強烈體驗一切的傾向。當大腦的調節力變弱，挫折感似乎會比平時更惱人。吃、喝、花錢、打嘴砲的衝動就會更強烈。」

我記得曾和一個十五歲青少年一起穿越城市，當時他正經歷人生第一次失戀。我們談到他得要多費心思應對他的前男友、朋友圈、家人。一面零零碎碎地討論必要細節，一面想著要去哪裡吃點東西時，他突然在十字路口停住，說：「我覺得要下決定好難喔。」

也難怪我們那麼多人疲勞無比。當我們的能力變弱，覺得被壓垮了，那種感覺就像是奮力追著機器跑。當我們累得跑不動時，人生還是會帶著我們向前走，但我們連地面都感受不到，也未必是朝對我們有任何好處的方向前進。

鍛鍊耐力

要有能力長久奮戰，就要儲藏雄厚的後備兵力。為了研擬策略來調整自己的人生步調，增加自己因應每一天的耐力，專注心力在個人能掌控的事情上，會特別有幫助。

從意志力科學的教誨到運動生理學，可以讀到很多這方面的研究。我們的選項琳瑯滿目。無論你選哪一種方法，都必須有意願執行。我們必須給自己足夠的空間操作，而不對自己身在何方發表意見。有一次我的女兒在廚房裡惱火地說：「我不覺得現在這個健康計畫對我有任何好處！」她的妹妹拉下臉用不可置信的表情看著她，幾乎沒有半點同理心地回話：「才一天半！」「不對，」她姊姊很快回嘴，「已經三天了！」

化繁爲簡

為自己調整較好步調的一個方法是打造能巧妙減少我們每天要做的決定量的環境。提早去買三餐、和朋友排定練習時間、計畫好這星期要穿的衣服……人們會鼓勵我們做這些事以節省時間，這些習慣也能盡量減少我們每天必須做的抉擇。當我們讓事情變得流暢、簡單，事先做好計畫，就能減輕我們每天的決策負擔，改善我們做出健全決策的能力，為真正需要的時候儲備意志力。從小事做起。少即是多。為隔天的行程準備行囊，排出時間來處理你老是避開的那一兩件事。每天早上先把水瓶裝滿再說。請從任何能讓你的專注的事做起。

要維持平衡很不容易，對吧？我女兒一天中要多次詢問我有關未來幾小時有什麼計畫，她們不留情地取笑我，因為我總是回答：「那還遠得很，我們晚點再想。」你有哪些時候是真正活在當下的？哪一刻？或哪個鐘頭？我發現計畫本來就是不確定的。我們想排定時間是為了安撫腦中的噪音與混亂，同時允許生活有更多彈性，這樣當事情來時才不會亂了陣腳。

建立例行活動是有幫助的。許多受過創傷的人會發現，從事件餘波站起來後，馬上回到例行活動或創造一個新的例行活動，是能帶來安慰的——就算是要減輕非急性的不堪負荷感，這種方法也很可貴。請穩紮穩打地為自己設立有建樹的例行活動。減少你紛紛擾擾的狀態、減少占據你心思的事物、減少你的承諾，還有你對完美的期待……你必須做的決定會因此變少，你會變得更無拘無束，也會產生更多耐力。

> 為了找出自己的方向，人必須簡化日常生活的複雜機制。
>
> ——柏拉圖，哲學家

連結你的身心

我受過拳擊訓練，至今仍很著迷於這門要回應但不是憑著本能反應、得洞燭機先卻不防備的微妙藝術。這需要有流暢、靈敏的特性，還要能盯住焦點，絲毫不動搖。研究腦部也會涉及反應與回應的理論。反應是仿自動物腦部的衝動，是一種戰鬥或逃跑的行為，回應則傾向是較廣義、經過深思熟慮的活動。一般來說，我們想訓練自己對環境有回應，而不是防禦性的反應。

演員與製片人彼得·柏格（Peter Berg）分享：「我五十二歲了。我愛極了打拳。

第 7 章
少耗損，多耐力

"I can't even begin to work out until I find the right news to infuriate me."

「如果找不到正確的新聞讓我發火，
我連要練習也沒有動力。」

我打拳起來很小心。我不會和有可能把我擊倒的年輕人對打。但我從打拳獲得的碰觸、專注力、精力，能給予我拍電影的能量、盡父職的能量、當朋友的能量，還有你知道的，也可能讓我感覺年輕很多，舉止比我的實際年齡還年輕。（人們問我）你怎麼做到的？我總是反問他們，你怎麼能不這麼做？你知道嗎？假如你已經五十歲，坐在屋子自哀自憐，那請起來動一動身體，看看這會為你的生活、你的心智、你的幸福、你的能量基準帶來什麼。拳擊給了我這一切。」

即使是在政治組織動員這個領域，也把連結人的身與心當成實際策略，幫助人們支撐下去，同時有效行動。人權運動工作者、作者克里夫・瓊斯（Cleve Jones）曾在政治家與同志權先驅領袖哈維・米爾克（Harvey Milk）的辦公室實習，米爾克因為一九七〇年代領導數千位同志在舊金山街道長程遊行而聞名。依據瓊斯的說法，米爾克帶領他們遊行，不僅是為了讓大眾注意到他們的訴求，也是為了讓社運同志們筋疲力盡，如此一來，他們才會有效傳達訊息，又不訴諸暴力。

取暖

我用兩手捧著臉。
不，我不是在哭。
我用兩手捧著臉
是為了替孤單取暖——
用雙手保護，
用雙手滋養，
用雙手防範
我的靈魂才不會離開我

充滿怒氣。

——一行禪師

心理生物學這門茁長中的領域特別吸引我，我發現這有助於我理解讓耐力賽選手表現驚人的成因是什麼，也能理解要如何將之運用在日常生活中。過去的研究相信，運動選手的耐力主要是受肌肉疲勞程度的囿限，肌肉疲勞是因為缺氧，分泌過多乳酸所致。但新的科學顯示，耐力賽選手的表現通常在肌肉力竭之前就下滑了。他們的表現不再優異是因為他們認為人頂多只能努力到那種程度，這種認知證明疲勞是一種心智現象，不是生理現象。

記者與作者麥特．費茲傑羅（Matt Fitzgerald）寫道：「耐力賽選手最要忍受的不是實際上必須付出多少努力，而是他們對努力的認知。如果耐力賽選手不能扭轉他與這層認知之間的關係，就無法進步。」對努力的認知不同，是造成環法自由車賽車手在最後一段上坡路慢下來，造成馬拉松選手在最後一哩路衝刺的原因。臨床運動生理學家山繆．馬科拉博士（Dr. Samuele Marcora）解釋：「對努力的認知反映著『中樞運動控制』的能力，這是自動觸發肌肉的必要腦部活動。要不要調整步調或是退出耐力賽，這是大腦有意識的決定，這些決定主要是基於主觀意識對比賽有多困難、多繁重、多艱苦的感覺而定。」不過他也指出，這不只是意志力的問題。生理能力與心智疲勞也扮演著某種角色，但「肌肉能表現到什麼程度，要看心智的處理能力而定」。

那我們要如何將對努力的認知這個概念，用在日常處事能力上，即使只是處理待辦事項的平凡小事？

■ 感激身心給予你行動力。感激它們給予你機會。經由好好工作、好好休息、好好吃飯、多補充水分來表示感謝。

■ 只要可能，請花時間做你最有熱情，也最不神經質的事。

■ 練習正念：請善用冥想、正向的自我對話、設定目標、心象。如果上述方法行不通，請保持幽默感，面帶微笑。我的一位導師要我放心，如果我真的笑不出來，稍微揚起嘴角也是有幫助的。

我從不認為自己是耐力賽選手。從來沒有。但有一次從加拿大溫哥華騎單車一百二十二公里到惠斯勒時，我發現，要改變狀況本身的這個選項並不可行時，改變自己對那個情況的認知非常有用。我一開始答應參加這場單車健行，理由是可以和朋友相處（不像我，他們全是實力雄厚的運動選手），也因為我認為可以藉機好好反省自己。一路上我始終保持幽默感，而更可貴的是，這讓我不至於在一段特別冗長而緩慢的上坡路中軟腳。賽事經常可見這種情形，攝影師沿著路邊排開，我抬頭打量這段累壞人的上坡路還有多遠時，正好瞧見這樣一位攝影師。本來他一直蹲著檢查先前的相片，但他一定是察覺到我靠近，便抬頭來評估情況。接著他收回目光，搖搖頭，收拾相機，跳上他的電動腳踏車離開。他沒有拍照。有能力對自己微笑幫助我在隨後的幾哩路中覺得不那麼累。

提到將對努力的認知運用在日常生活上，我的一個榜樣是瑪利亞．托帕凱（Maria Toorpakai）。她成長於巴基斯坦的瓦濟里斯坦（Waziristan），塔利班的大本營。在那裡，有些人相信，女性成為運動員不合乎伊斯蘭教規，也往往不准女孩子上學。在一對不可思議的父母支持下，她從四歲起就做男孩打扮，好獲得一些自由。她的父母幫助她做舉重與壁球訓練，壁球是巴基斯坦第二大運動。瑪利亞青少女時期的成績就名列全球第三名。她的成功引起了塔利班的注意，開始接到死亡威脅。她不得不放棄外出、在房間裡練習，這樣的日子，她過了超過三年。「我唯一能想到的事就是打壁球。我很認真地每天訓練十小時。壁球非常貼近我的心、我的靈魂。對我而言，是攸關生死存亡的大事。」她說。有四年時間，她一天最多寄九十封電子郵件給壁球學校、組織、大學，尋求巴基斯坦外的協助。最後她終於獲邀進入加拿大的一間壁球學校。

二〇一七年年終，我和瑪利亞談過話，她井然有序地度過每一天，心志明確得難以形容。她成立了一個旨在幫助兒童的基金會，並每天鍛鍊自己，她和所有家人分開住，人在他鄉。她和我分享：「我盡量正面看待發生的每一件事，視之為某種教誨。我們始終應該追尋生命中美麗的事物。把事情視為挑戰，對我來說比較有意思，儘管我很害怕。我有很強烈的信仰，也相信凡事都有目的。我試著集中心力在我認為最能幫助他人的事情上。對我來說，壁球讓我非常快樂。我每天都打壁球，每天都試著學新東西。在生活中。就算只有一點也無妨。這樣一來，我才能感覺自己仍在進步。我明白人生沒有保障。何必浪費你握在手中的當下呢？」

欣賞大自然

走進大自然是人們普遍認為具有好處的選項，能幫助我們增加進行長久奮戰的精力與能力。詩人與散文家拉爾夫・愛默生（Ralph Waldo Emerson）提醒我們要「活在陽光下，到海裡游泳，品嚐野外的空氣」。有一次，在擁擠的飛機上，我看見一位從走道走來的乘客T恤上寫著：「大自然。比醫療更便宜。」臉上不禁露出笑容。

第 7 章
少耗損，多耐力

"The majestic way they climb higher and higher until they seem to kiss the sky reminds me of the huge pile of work I have waiting for me when I get back."

「山脈一座高過一座，彷彿就要吻上天空，
這片雄偉讓我想起回去後會有一大堆工作等著我。」

先前我們討論過走進大自然的價值，大自然能調節人的神經系統，使人更能活在當下。但我想強調，要獲得走出戶外的益處，你不需要健行好幾英里或在大河泛舟。事情可以簡單到走出教室、辦公室休息五分鐘，或是從某人床邊起身一會兒就行。與其邊講手機邊走過玄關，或加入（有時候）不入流的對話，請走出屋外，仰望天空。只要幾分鐘，就能有效幫助我們建立耐力。我知道有些老師會盡量在戶外上課，也有同事幾乎把所有小會議都移到戶外，邊走邊開會。

> 大自然可以令人神志清醒。
>
> ——布魯斯・史普林斯汀

戶外用品專賣商REI以#OptOutside（選擇戶外）廣告全面宣傳走進大自然的好處，這個運動的起因來自他們大膽決定要在感恩節當天關閉美國店面，放員工假，也鼓勵人們探索戶外，不要加入假日的購物潮（很聰明。誰不想藉著假日恢復耐力？）。

說得更廣泛一點，大自然美景會令人產生敬畏的強烈感受。我的朋友葛蕾絲・布朗（Grace Brown）是社運工作者與攝影師，她才剛從緬因州的夏令營回來，對我描述了一個她難以忘懷的時刻。夏令營把來自紐約市不同區的十來歲孩子帶到大學校園集合。葛蕾絲很清楚記得，她看到一個十一歲的孩子坐在一片開闊、美麗的綠地上時，臉上那驚奇的表情。那是她第一次坐在草地上。以前從未這麼做過。

史丹佛大學研究者梅勒妮・路德博士（Dr. Melanie Rudd）主持的一項研究結論

是，敬畏，尤其是大自然美景引起的敬畏，帶給人很大的刺激，因為它能拓展人們對時間與空間的認知，促使他們的心智適應於體驗到的壯闊。許多文化與傳統都談論過永恆與非永恆如何交織。山脈。天空。黑暗之後的亮光。四季。自我思索什麼最能帶來安慰與滋養，是加強耐力的第一步。一位創傷治療中心的導師分享，多年來，她都很珍惜到海邊的時光。但在職場和個人生活歷經多年的不堪負荷後，有一段時間她反而渴望親近安靜、緩和的河流。

靈性與宗教

靈性與宗教在加強我們的韌性上，扮演著重要角色，對有些人來說更是至關緊要。不論是個人祈禱或透過大型集會體驗，布萊恩．史蒂文森提醒我們：「你不需要有答案，只要有心融入社群。」那個社群可以是人類、動物，或是以荒野為主的社群，但對某些人來說，與大於自己的群體連結，能帶來莫大的安慰。

我的朋友史蒂芬．威柏（Steven Wilbur）是希望學院（Hope Academy）的校長，這所學校的學生都是受父母忽略，或是遭受色情人口販運、藥物實驗、人體器官販運等各種虐待的黎巴嫩兒童。有很多事物幫助史蒂芬度過肝腸寸斷的每一天。他的基督教信仰最為重要。只要有機會就吃法塔赫（fatteh）[1]也有一定助益。他指出：

「我會放上好幾個小時的音樂，比如邁爾士・戴維斯（Miles Davis）的音樂，真的能幫助我把心思放在全然不同的事物上。我認為想像和創作是有幫助的；這是很正面的行動。當然，我有做的話……運動也有益處。我想睡眠也有幫助，只是我沒辦法說自己有睡得好。對我來說，這份工作是在扮演上帝。我相信沒有上帝的援手，我做不到這些事。責任可能太重了。一心相信這個故事——有一個充滿愛的上帝在那裡，祂全心愛護人類，為人類一次又一次犧牲。我經常想到耶穌是如何謙卑又有自信，也經常想到祂做的事在當時有多激進。我頻繁祈禱，繫念著『我沒有那種力氣，請賜予我力氣。我內心一片混亂，請賜予今日的我平靜。』有時在特別難受的一天過去後，我會沐浴很久，再與朋友相約用餐。我會提醒自己事情了結了。今天發生的一切都過去了，所以我要來吃一點法塔赫。」

談到靈性時，有些人會提到關注深層時間（deep time）。當我們創建一個開放的空間，讓自己受感動而不主動，我們便能延伸時間與空間。畢竟靜與動並非相反的兩極。我們在多數武術中會練習以靜制動而不施力。動態的冥想。我們放鬆的身心能施展奇蹟，給予我們持久的力氣。這點很重要。常春藤盟校一間學生宿舍的顧問告訴我，連著幾個月處理自殺企圖、性攻擊、學生家裡的危機後，「我需要的關機時間愈來愈長，但問題是，我沒有那種時間。」我們必須從俗事中取回自己的時間，才能重新出發、集中心力，這種體認是古老而持久的見識。

幾乎每一種信仰傳統都教導信徒要從塵世的需求中保留一些時間反省與感恩，不論是慶祝每年的例行節日、在齋戒月禁食、不在安息日工作、每日祈禱與冥想、朝聖、參加蒸汗儀式、陶醉於唱詩練習，甚至是朗誦經文詩歌。在走去開會的路上默念禱文，或是在學校壓力特別大的時候握住你的金色十字架項鍊，宗教與靈性實踐都能發揮作用。古代傳統分享了這些寶貴的訓誡：創造內在空間，培養寬廣的內心視野——周而復始。

藝術欣賞

我們還有藝術。老少咸宜，似乎是藝術賜予的一份大禮。塗鴉、歌劇、雕塑、饒舌、攝影、詩歌、建築、造景。家具設計與工藝、工具，還有樂器。無論你是欣賞或

Photo by M. Lipsky. Paris, France

創作藝術，藝術都有令人心醉神馳的力量。作家威廉．福克納（William Faulkner）在諾貝爾獎頒獎典禮致詞時主張，作家的角色是「振奮人心，助人度日」。

我想，觀察人們完美執行任務，類似看著藝術家創作。不論是看大廚料理餐點，或是看老師抓住整個班級的注意力，我都會特別留意，也給自己一點時間欣賞他們的技藝。我常會發現自己默默地說：「哇，他們是怎麼辦到的?!」我的朋友在威斯康辛大學把我和女兒介紹給兩位核物理學家時，我就是這麼想的。他們慷慨挪出時間，親切有耐心地看待我們的無知，帶我們四處參觀實驗室，解釋他們的研究，我們問什麼便答什麼。他們對工作內容及平常工作的方式傳達出一種熱情，對那些連實驗室四面牆上的大白板寫著什麼都摸不清頭緒的人來說，他們的熱情也不能不說是一種藝術。這就是藝術的諸多恩典之一吧？我們不需要在知識上如沐春風，也能有深刻的感受。有時單是那種感受，就足以激勵我們好幾天，甚至好幾年。

經過數個世紀的證明，音樂是能有助於人們尋找出路的療方。一位神經科學家和我分享，她會從各種拍子的音樂得到很多收穫，我們聽到的拍子也會影響心智的速度。她有清醒用的播放清單、走路上班用的播放清單、回家路上的播放清單，還有放鬆過日子的播放清單。

流傳多個世代的讚美詩和黑人靈歌，述說著苦難的故事，但也表現出對自由的信仰與希望——從奴役與罪惡中獲得解放。在很多傳統中，音樂也幫助我們表現傷痛，赫胥黎寫道：「在沉默過後，最能夠表達無法言喻的感受的，是音樂。」

《漢密爾頓：一齣美國音樂劇》（Hamilton: An American Musical）的創作者林－曼努爾．米蘭達（Lin-Manuel Miranda）和公共劇院藝術總監歐斯卡．尤斯提斯（Oskar Eustis），深刻地展現音樂的威力：

> （尤斯提斯先生的）十六歲兒子傑克自殺。尤斯提斯先生和家人毫無準備，便必須面對內省：要如何撐下去，同時繼續前進？公共人物要私下表達悲傷

的意義為何？

傑克過世幾個小時後，有人寄來夾帶一首 mp3 的電子郵件。那是林—曼努爾．米蘭達寄來的，她才加入公共劇院不久。

這首曲子是〈安靜的上城區〉，在《漢密爾頓》劇中，當亞歷山大．漢密爾頓與妻子伊莉莎白的十九歲兒子菲利浦死去時，用以表現他們的哀傷的歌曲。

有些時刻文字無法觸及
有些煎熬之苦難以名狀
你緊緊抱住孩子
推開難以想像的風浪
當你深陷泥沼
順流游下似乎容易得多。

「你無話可說。」米蘭達先生回憶當時的想法，「不過，我有一首關於這類悲劇的歌。所以我寫信給他，說：『如果這首歌有用，請讓它支持你，如果沒有用，就刪掉這封電子郵件吧。』」

尤斯提斯先生和妻子發現這首歌很管用。「〈安靜的上城區〉的每一句歌詞

第 7 章
少耗損，多耐力

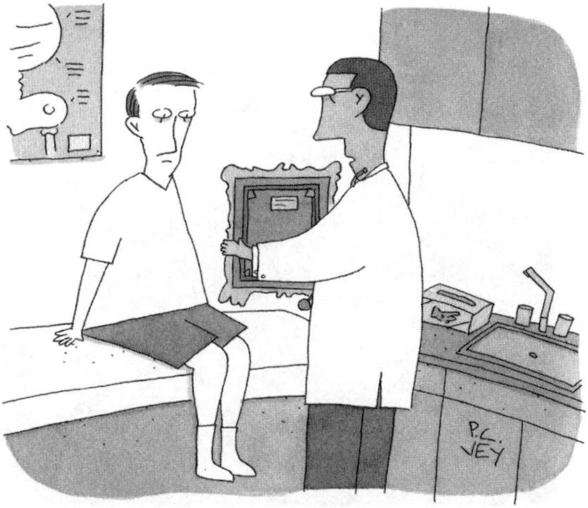

"Studies show that people who allow art into their lives can substantially reduce their dependency on selective serotonin reuptake inhibitors."

「研究顯示，讓藝術進入生活的人，
能大幅降低他們對選擇性血清素再攝取抑制劑的依賴。」

都緊貼著我的感受。」尤斯提斯說：「有很長一段時間，我們只聽那首歌，每天聽，這成了我們兩人的要事。」

尤斯提斯先生與米蘭達先生也憶起另一件事：在那齣音樂劇的劇本中，湯瑪斯・傑佛遜（Thomas Jefferson）在〈安靜的上城區〉唱完後隨即接了一句話，喜劇地紓解了傷心父親的反應：「我們回來談政治好嗎？」

「對我來說，〈安靜的上城區〉美就美在，它發揮了一種儀式性功能——帶我們深

"I developed my sense of humor as a defense mechanism and turned it into a lethal offensive weapon."

「我把幽默感養成防禦機制，
又轉化為銷魂的進攻武器。」

入傷痛，再帶我們走出傷痛。」尤斯提斯先生說。「就我所知，沒有任何一樣東西、任何一種儀式能為我做到這點。」

——邁克・波森（Michael Paulson），《紐約時報》影劇記者

笑容

少有事物比幽默更能有效帶來療癒，讓人脫胎換骨。我指的是得體有品的幽默。不是以他人為代價的取笑，也不是冷嘲熱諷。能確實應用於自身經驗的幽

默感能帶來奇蹟，幫助你支撐下去。喜劇作家與幽默作家、逗趣散文家都練就了用他們的藝術舒緩緊張、拓展他人視野的本領。透過幽默作家珍妮・勞森（Jenny Lawson）或大衛・萊考夫（David Rakoff）的文筆重新想像人生的小插曲，能夠讓平凡事物出落得耀眼亮麗。愈能將幽默（加上一些謙卑）帶進生活，對你愈好。

參與社群

找出志同道合的朋友、避免孤立，也能幫助我們加強耐力。不論是攸關生死的大事，或看似只是保住尊嚴的小事，從生活中的孤立片刻，或似乎永無止盡的艱難歲月向外界伸手，能發揮很大的力量。一位律師分享：「明白別人也有過同樣可怕的遭遇，或甚至只是不快樂的經驗，能帶來不可思議的安慰，至少對我是如此。我們都在同一條船上，我的傷痛別人也懂。因為別人也走過來了，所以我也可能安然無恙。」

規模蕪蔓龐雜的冰島緊急救援志工團隊令我深深著迷。他們動員並照顧社區（包括無數觀光客）的方式令人讚嘆。那個網絡的名稱是「冰島搜救聯盟」（Slysavarnafélagið Landsbjörg，英文是 Icelandic Association for Search and Rescue，簡稱 ICE-SAR）。記者尼克・保格頓（Nick Paumgarten）描述：「災禍在冰島屢見不

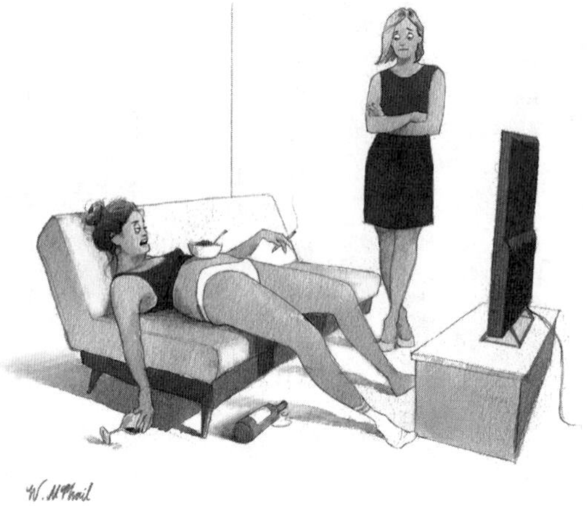

"I'm between reasons right now."

「我正理智斷線中。」

鮮，而救援是神聖的。」他的報導如下：

冰島的人口不過三百萬，也是北大西洋公約組織中唯一沒有常設軍隊的國家。冰島有警察，也有一支海岸巡防隊，但就和付薪酬給他們的冰島居民一樣，人數稀少，散居在廣大的土地上，所以有意外或災難發生，或是有人失蹤、暴風雨來襲時，大多數居民總是得自己照顧自己。冰島搜救聯盟已經發展成聯隊化的志工體系，他們可以成為無與倫比的全國緊急義勇隊。這不是政府計畫，因此人力不是很充足。該聯盟共有一萬名左右的成員，其中四千人可以『隨時出勤』，他們分布在九十七個團隊中。每個城鎮差不多都有一支團隊。他們訓練有素，裝備齊全，自力提供資金，也自力形成組織，雖然冰島人對精靈和矮人等的存在往往抱持不可知的論調，通常不會輕易崇拜或誇大，但他們在鄉親眼中的名聲卻有如神話人物，一位登山嚮導告訴我，『人們想到救援隊，就會想到星際異攻隊（Guardians of the Galaxy）[2]。』他們忘記了搜救隊隊員也是普通人。」

冰島搜救聯盟的搜救單位遠近馳名，連世界各地有災難發生時也會召請他們來協助。但我們不需要參與這種史詩般的傳統才能為社會效勞。有一天大清早，我在洛杉磯一個高度工業化的區域跑步時，經過一個公車站。有幾個人站在那裡等公車，一位男士蜷縮成一團睡在長椅上，底下壓著一個破破爛爛的塑膠袋，裡頭裝著他的幾樣東西。我看著一個顯然是負責這個公車站的人員把亭子附近打掃乾淨。要清潔長椅的時候，她放慢速度，小心翼翼地不去打擾那個睡著的男子。她兢兢業業地打掃，也用心關照一個她可能素昧平生的人。這個安靜、溫柔的舉動，就發生在清晨通勤的尖峰時刻。

儘管有體系為之撐腰，但持續拆卸讓我們孤立的障礙，能帶來深遠的影響。美國的三大精神醫療中心還是監獄的時候，聽到羅．奧利維拉（Lou Olivera）法官如何寬宏大量的事蹟，尤其令我欽佩。由於一位退役軍人不斷違法，奧利維拉法官判他在監獄待一晚。但法官明白在獄中待一晚有可能對這個患有創傷後壓力症候群的人造成不堪設想的後果，所以便安排自己與他一起蹲大牢。他們整晚談論彼此的共同經驗，也一起為這個人要如何改頭換面想辦法。可以想見那一晚的影響有多大……對他們兩人都是如此。

世界並不容易理解，但可以擁抱：透過擁抱其中一種生命來擁抱世界。
——馬丁．布伯（Martin Buber），哲學家、政治行動者

只要我有機會，就會到一座公園走走。有人說這座公園位在美國最多樣的郵區；經常造訪這座公園的人各自代表許多不同文化，操各種不同語言，有各種不同習俗。有些時候，在特殊的日子，還會出現出乎意料或安排不來的時刻，讓人覺得自己很有福氣。或許是跑者正在全力衝刺時，爺爺奶奶推著嬰兒車，藝術家在畫架前寫生，還有一群老朋友三三兩兩地走在他們熟悉的步道上，偶爾還會看見一隻（或兩隻）老鷹自頭頂上飛過。時間慢了下來。每個人的時間。人人以某種方式聚在一起。短跑者慢

下腳步抬頭仰望，爺爺奶奶跪著引導孫子看過去，藝術家擱下畫刷張望，嘰嘰喳喳的老朋友們逐漸安靜下來，人人的目光都轉向天空。人們很少開口，不過我們都停下來仰望，把美景納入眼底。我們成了一個群體。作家羅伯特．布雷爾（Robert Brault）分享：「享受生活中的小事，因為有一天你回想起來，會明白這些都很重要。」

我們的群體包含從未見過的人，但也有認識的人在內，我們會在需要的時候向他們求援：也就是有事必找的人。隨著我們年齡增長、搬家、改變，這些人或許會不同，但知道要在何時求助，也聽得進意見，有可能實際挽救性命。雖然我們對孤單有直覺的認識，對孤單的廣泛程度與各種影響也有強而有力的研究，但首先要和他人保持連結，才是明智之舉。有時給予我們安慰的人是健身房教練，有時是孩提時期的友人。有時候你需要聽見的聲音來自你最愛的播客節目主持人，或是你不論何時都喜愛的歌曲主唱的嗓音。我們得有選擇。

我女兒在和籃球教練談到社群時鬧翻了，那是她非常欣賞的一位教練。夏奇安娜．愛德華茲—提絲莉（ShaKiana Edwards-Teasley）年紀比我女兒大，但你知道，其實沒有差很多。她很潮、酷得不得了，在國內外成績斐然，她和我女兒一樣，有不同膚色的父母，她也是一位ＮＢＡ球員的女兒。當時這位六呎一吋的厲害運動員居高臨下地望著我女兒，於是我問她，她承受不住時會怎麼做。她一刻也不遲疑地說：「打電話給我媽。很常打。老是在打。」

我們對群體最有意義的貢獻是，在艱難的事件發生時，特意停下手邊的事，目睹事情經過。教師與導師們提醒我們，所有人是彼此連結著的，停下並觀望的儀式有可能是有力的橋樑。不論是我們眼前正好有人在掙扎，或是發生了撼動世人的悲劇，讓他人的痛苦留在自己的腦海和心裡是一種有意義的致敬。有時候，對苦難表示關心需要我們親身到場支援或自願協助；有時候，支援或協助的形式是打電話給政府機關的人、寫信給或許有權負責的人、捐獻，或是準備餐點；有時候，祈禱與冥想或點亮象徵性的蠟燭是恰當的。雖然這些方式無法矯正一切，連分毫也改變不了，但設法以自己的方式關心他人的苦難，對人類來說很重要，對我們的解放來說很重要。讓我們試著不讓苦難造成的心力交瘁令我們感覺無力。我們永遠能盡一份心力。

停下來理解他人的苦難能發揮力量，我記得自己最早體會到這點是在我母親過世後隔天。雖然我不太記得她過世那幾天發生什麼事，但我所記得的細節卻仍歷歷在目，這點實在令人嘖嘖稱奇。當時我朋友帶我回她家，好讓我離家一會兒。那時我們十三歲，她還有一個十七歲的哥哥。我認識他，他一向很親切，但因為他年紀較長，又比我們酷太多，所以我從來不覺得自己有可能獲得他或他的朋友圈的注意。那天下午，我還完全處於震驚當中，我跟著她下樓到地下室時，可以聽見她哥哥和朋友們打鬧的聲音，他們正披頭散髮地扭打成一團。我們進房間時，她哥哥一見到我便對朋友說：「等等，等一下，停下來！」語氣清晰而堅定。他甩掉他們跑過來，用他高大的身體包圍著我。他給我一個長長的擁抱，我記得他大概還說了三四個字。就這樣。但坦白說，那就是一切了。這一刻令我畢生難忘。

譯注——

1 法塔赫（fatteh），黎巴嫩、巴勒斯坦、敘利亞等地區的一種傳統食物。

2 Guardians of the Galaxy，美國漫威漫畫《星際異攻隊》中的超級英雄團隊，該作品後來也改編為電影。

第8章

該走開的時候

猶太教哈西迪教派的故事說，一位受人敬重的拉比要門生背誦並思索教材，時時把禱文和聖道放在心上。有一天，門生問拉比，為什麼他總是說要把禱文和聖道「放在心上」，而不說「放進心裡」，拉比回答：「只有時間和恩典能讓這些故事的要義進入你心裡。我們在這裡複誦、學習這些教材，把它們放在心上，是希望有一天我們心碎時，這些故事能沉入我們心裡。」

對目前的人生狀態有更深的洞見與覺知時，若能了解自己的生活帶來的啟發或損害，那最後還有一些事情要考慮。我們保有能力的核心要點是，要能夠辨別什麼時候該接近、什麼時候該持續、什麼時候要叫停。

從什麼時候起床的無數小決定，乃至於打斷我們人生的重大抉擇，都含括在內。有時我們最能保護自己的選擇是決定什麼時候完成——儘管只限當天有效。我經常想到我朋友的兩歲姪子，他在晚飯吃到一半突然停下，把可愛的小手放到桌下，堅決地說：「我醒夠了。」

做出明智的抉擇

無論我們是在評估留在某間學校、改變朋友圈、開始實習、維持某種程度的照料、繼續受雇、致力於某個目標有多少好處，或甚至是考慮說出某些已經到舌尖的話好不好，都不能低估我們必須為每一步做出明智抉擇的特權與責任。前面已經指出，在日常生活與人生關卡中的無數時刻，眼前都會有不只一個選項。或許選項很多，或許選項寥寥無幾。特別是在選項不多時，我們會想記住自己能掌控多少事。其中一項便是要不要參與、連結或加入，又該有多少程度地參與、連結或加入。

假如你正處於需要休息一下再上路的時刻，請給自己一些時間和空間，什麼、也、不做。請暫且出走一分鐘。

我在一次家族聚會中，體會到這麼做的好處。你或許也會有些共鳴。當時到處都是人，杯觥交錯，複雜的人情世故。你一定也見過這種場面吧？也就是在這樣的時刻，我試著提醒我的伴侶幫忙留意身邊大人的情況，同時喝止在腳邊跑來跑去的孩子

第 8 章
該走開的時候

"It's too late, Roger—they've seen us."

「太遲了，羅傑，他們已經逮到我們了。」

們。他出乎意料地沒有理會我「嘿，想和我一起來嗎？」的表情。我終於打斷他的心緒，讓他認出我「搞什麼?!」的表情時，他直直望著我的眼睛，緩緩舉起右手到嘴邊，彷彿要摀住什麼。然後我聽到他輕輕發出吸氣的聲音，非常刻意而清晰的聲音，接著又慢慢呼氣，就像以水肺潛水時用調節器那樣。那時我才明白他的心思飄得有多遠。

水肺潛水有一項練習是，如果你的潛水同伴的氣瓶裡快沒有氧氣了，就要將你的調節器來回遞給彼此：這叫作共氣。我們就是這樣，在不能以水肺潛水的地方，四周又是一片混亂，他將他虛構的調節器遞給我呼吸。雖然很誘人，但是我婉拒了。過了一會兒，他浮上水面，開始照料手邊的需要。

無論如何，你會被推崇行動無極限的資本主義社會與文化壓力所影響，但畫定界限和找回主控權是一種自尊自重的行動。我和不同領域的人共事過，在那些領域中，這種行動狂熱的文化本質（還有不惜犧牲一切）可能走到極端，為這個賣命的人看著為那個賣命的人，或者這一行看著那一行的人，說：「你們這些人有時間去上廁所嗎？真好笑。我們上了廁所還做了更多事呢！我們若沒停下來去上廁所，可是比你們還有生產力。」

散文家提姆・克萊德（Tim Kreider）強烈批評我們被忙碌等於價值的歇斯底里文化收買，他主張要退一步思考。「閒散不只是放假、縱情聲色或罪惡；閒散對大腦就像維生素D對身體一樣，不可或缺。」他說。「閒散提供的空間與安靜，是退開來觀察整個人生的必要條件，如此你才能做出意料之外的聯想，等待靈感的晴天霹靂——弔詭的是，這正是完成工作的要件。」請對某樣事物說「不」。請稍微清空你的餐盤。然後考慮要如何嚴格訂定你的參數，未來要將時間分配在哪裡。你可能也需要實地離開導致你痛苦的事物。

我們多數人想到忍耐，就會聯想到流傳已久的意義。忍耐可以意味著我們忠貞不二、盡心盡力、堅定不移、忠心耿耿、可靠或堅強。製片人喬・柏林傑（Joe

Berlinger）談到拍攝紀錄片《失樂園》（Paradise Lost）時所感受到的責任時分享：「我的第一個孩子在我們剪輯這部片的時候誕生，我會坐在剪接室看最嚇人的驗屍照片和罪案現場影片。到晚上回家時，那些影像已經深深印在我腦海裡。我會啪一聲打開嬰兒床的門，抱起我那才來到世上不過幾個月的新生兒，抱著孩子時，我會想到這些八歲大的兒童，想到我看到的那些噁心的解剖影像……想到我的孩子會歷經的每個階段——幼稚園、中學、高中。我會想：『我的天，這些人還在牢裡一天天腐敗。』我一心覺得我們有道德義務要持續述說這個故事。」

這些聯想可能來自我們的宗教背景、內化的壓迫，或是文化或家庭期待我們抱持的一些信仰，要我們相信那樣才意味成功，或只是為了做「好」人。當然，忍耐也不總是等同於我們最高價值的展現。忍耐也可能反映著頑固、惰性、不知變通，或是單純的習慣性力量。讓我們記住，變動不居也是一種天賦。老葉枯黃後，便是新花苞綻放的時機了。

了解無常的真理，安然接受無常，便是身處於涅槃中。

——鈴木俊隆，禪師

我一結束創傷的工作，就投入幼童教育至今，我也是一間西班牙語幼稚園的創辦人與園長。十多年來，我們都是以社會與環境正義為課程框架，我也經常思考所有學齡前兒童和我多年來一起學習的許多功課。其中一樣功課是關於「離開的能力」——直到今日，這還是我們家的共同詞彙。由於我在兒童虐待與忽視方面的工作，我覺得為這群二到五歲的孩子提供這個策略很重要，這樣他們才能讓自己從令他們感覺焦躁或不安全的情況中抽離。受過專業訓練的自我防禦與安全意識教師，每年都會來與孩子們進行角色扮演，讓他們練習離開的能力。如果有人對你或你身邊的人出言不遜，你要他們別這麼做，他們卻不聽時，該怎麼辦？運用你離開的能力！如果坐在沙發上的親戚靠你太近，該怎麼辦？運用你離開的能力！就算你說破嘴，其他所有人似乎還是覺得自己有權碰你的毛髮，這時該怎麼辦？運用你離開的能力。

我女兒的生活環境並沒有因此變得比較不複雜，但我們還是提醒她們，離開一直是個選項，即使只能發生在腦海裡。當然，身為成人，更不乏練習離開的機會。

要不要繼續，如何繼續？

積極詢問自己要不要繼續忍耐下去，又要如何忍耐，是關乎個人福祉的基本要件，對我們想幫助的人來說無疑也是如此。我們太常在危機發生或心情跌至谷底後才看清真相。同事曾分享她深刻的體驗，當時她的孩子無意中給了她機會去思考：一、她所致力的目標是不是她真心想做的事；二、如果她忍耐下來，她得花多少工夫轉念，才能讓自己相信她促成了改變。她一生致力於槍枝暴力的防範，勞心勞力地奉獻，個人犧牲頗大。那天早上她回到庇護所前，她年幼的兒子看到電視上出現一則關於大型槍擊案的新聞快報。「媽咪，」他說：「妳失職了。」

只要每天思考「這樣有什麼好處」，我們就能做出要不要花時間、如何花時間主動盡一份心力的決定。

> 他們想埋葬我們。他們不知道我們的種籽會從土裡萌芽。
>
> ——迪諾斯．克里斯金諾波羅斯（Dinos Christianopoulos），詩人

我想我們都明白，要改變自己或有所成長，或只是略為改變看待自己是誰、要如何做自己的角度，是一件棘手的事。有時別人能支持和理解我們的改變，但人們往往依戀著過往的我們，而這通常是為了他們自身的需要。

比方說，在中產階級、認同美國文化的家庭中成長，有一對美國父母的人，早已繼承了大美利堅傳統，為了「實現」自我而切斷與舊世界的聯繫。記錄要付出多少代價可能不是那麼重要，因為在許多情況下，先前各個世代早已付出了代價。在某些層次上，你的原生家庭了解到要脫離沒有辦法幫助你達到目標的情況，因為上一代已經沒收了舊有的傳統、土地或義務。有些人的家庭仍然保有與傳統的連結，包括土地、語言、義務、神話、迷信等，對他們來說，要跳出傳統、實現自我，是令人憂心的舉動，代價不菲，往往會帶來疏離與孤立，而不是獲得根本的解放。所得的回報往往也不是我們以為的那樣，反而導致更難以負荷的後果——通常是遭遇財務、情感、身體、環境的窘迫。在這種情況下，為了文化同化而做出的犧牲反而還比較容易計算。

有些人會離鄉背井，離開所愛的人，因為主流文化期待他們如此，或是為了在全球資本主義底下餬口，有些人則是因為生活不得不如此。

我母親是家族裡第一位大學畢業生。她畢業後不過幾年，就換我大學畢業了，但我母親家族的態度還是不置可否。我媽畢業時是有五個孩子的成年人，他們很確定那是她想走的路。但對我這一代，他們就擔心了。他們要我們成功，但也害怕我們搬進不同圈子，會忘記「我們從哪裡來」，害怕我們遺忘他們，遺忘他們珍惜的事物，忘記飲水思源，那是讓我們能入學和畢業的人生之本。

我從大學畢業時，一位伯母對我說：「我帶曾祖父收藏的錢幣給妳，當作畢業禮物。」我很感動，也有一點困惑。我曾祖父是沒有閒錢的佃農。我從來不知道他收藏錢幣。我伯母遞給我一個破舊的金屬口小錢包。皮已經破破爛爛，還有幾條多年來補過的縫。裡面有一枚五分鎳幣。我抬頭看伯母，她的臉部線條強烈，歷經風霜。她說：「永遠不餓著孩子，絕對不讓老人家孤苦伶仃。妳其實沒有比別人優秀，所以妳可千萬別忘本。」

就這樣。她說的對。我受的教育和走的路讓我和他們不同。我愛他們，但我走上不同的路，已經不再和他們在同一條軌道上了。

她明白這點。哈克·芬恩（Huck Finn）[1]的父親也明白這點。在美國，我們只述說找出這種斷裂的家族故事。故事告訴孩子們：「把我們丟下，抓緊你的成功吧。」但我的體驗不是這樣。我做的是不同的抉擇。

——康妮·柏克

如果我們覺得人們投射的形象或加諸的限制，讓我們不再能真正成為自己理想中的那個人，這就構成了考慮要在什麼時機離開的另一項因素。一位年輕大學生描述他回家後急著想和朋友分享到國外從事義工計畫的種種，卻敗興而歸的感受。他說：「說真的，我覺得根本沒有人在乎。沒有人真的想聽。不僅如此，我打電話給家鄉的朋友，卻深深感覺到他們不想再和我說話，因為我不會再取笑別人，或像以前我們常做的那樣，把別人嚇跑。」

我們要評估自己在某個時候有多少能力，也要能尊重自己和自己的能力，二〇一七年我獲邀服務於一所大學及其鄰近社區時，便體認到這點的重要性。在主人籌辦的年度餐會上，我很高興有機會和一些長者談到他們參加民權運動的往事，還有他們對美國當前時局的觀感。一位男士承認我們挺身而出、試著在各方面提供協助時，是要付出代價的：「假如你真的加入創造改變的行列，這是要付出代價的。如果你沒有付出代價，那你根本就沒有參加運動。」

有時決定要不要留下、如何留下，在一開始就身不由己的情況下特別困難。蘿蘋．布魯爾（Robin Brulé）就曾面臨她覺得自己從未想過的痛苦抉擇。她年老的母親和母親的友人在家裡被殺害。三名攻擊者闖進屋裡殺害她們時，她們正在喝咖啡讀早報。我目睹蘿蘋和她的家人如何走過這場恐怖罪案的餘波，當蘿蘋分享她為了保持岌

第 8 章
該走開的時候

"Thanks for walking a mile in my shoe but it's beginning to hurt now."

「謝謝你穿著我的鞋走一英里，
但我的腳已經開始發痛了。」

岌可危的理智而做出的每一個刻意的決定時，令我佩服得五體投地。

她和家人出席第一場判決聽證庭時，蘿蘋設法應對她身邊的環境，儘管她個人無法掌控的因素多不勝數。她選擇參加審判並發言，這樣一來紀錄才會完整，她的孩子們才不需要在多年後的假釋聽證會上重述事件經過。描述時她也小心選用能維持母親尊嚴的詞彙，這樣母親才不會在法庭紀錄中留下受害者的姿態。在法庭上，她選擇縮短發言時間，只在需要支持她的弟妹時才在場。她選擇自己要坐在哪裡、目光投向何處，才不會看見奪走母親性命的凶手。她也選擇要一隻治療犬陪伴。這個決定顯示她允許自己接受照顧，儘管她不明白自己可能需要。

在審前陳述中，檢察官對整個法庭發言，鉅細靡遺地精確描述謀殺案的經過。蘿蘋在途中崩潰，起身跑進家人的休息室，治療犬也跟著她。她雙膝跪地，手抱著頭，狗狗輕輕把頭靠在她背上。蘿蘋淚如雨下的時候，牠的頭就這樣一直靠著，直到她打算回到法庭。聽審結束後，蘿蘋回憶：「我學到了關於自己的一些事。在審判室裡看見殺害我母親的凶手，聽見那些細節，直到這一切讓我再也受不了……我明白我不能讓自己的心思回到那些地方，不然我會……我不能讓自己回到那裡。我感覺憤怒在我心裡化為惡毒，我想到它在我心裡起作用……影響著我……我並不想給自己那種傷害。」

蘿蘋在身不由己的悲慘環境中選擇找出行動力。我們永遠有選擇。

請深入審視內心，即使必須藉助危機方得以進入。

——一行禪師

譯注

1 哈克・芬恩（Huck Finn），美國作家馬克・吐溫（Mark Twain）的小說《頑童歷險記》（*Adventures of Huckleberry Finn*）的主角，父親是酒鬼。

結語

我們認為我女兒是在十歲的時候開始長骨瘤的。腫瘤是良性的，不過愈長愈大。三年來，她固定到當地的兒童醫院回診，經過密切追蹤後，醫生下結論說，應該要從她腿上切除一大部分的腫瘤了。手術時間很長，但很順利，那位外科醫師仁心仁術，護士也從頭到尾悉心照料我們。她父親和我確實是在醫院診療室裡來回踱步（很老套），等他們准許我們在手術結束後盡快進去看她。她的狀況很好，手術用的強烈麻醉藥在幾小時退去後，主治醫師巡房時也會來觀察她的情況。手術後她沒有服用任何止痛劑這點令他不解，他說他從未見過有人不用止痛劑。我大聲對女兒說：「嘿，寶貝，很能忍痛喔！」醫師轉過身來瞪我。他嚴厲斥責：「又或者她非常勇敢，也能很巧妙地轉移對疼痛的注意力。」

我們確實從那一刻獲得了好教訓，日後我在思考什麼才能幫助我們掌控自己個人與集體的心力交瘁感時，仍會回想起那段教訓。每個人當然都有與生俱來的條件，包括所有光明面和陰暗面。在這之外，我們也有教育。要展開新的練習永遠不晚，我們可以將關於自己是誰的真實洞見，還有有多少資源的理解，融入對自己有多少選項的覺知中，藉以幫助自己撐過長久奮戰。做一點事。每天一點。

在處理心力交瘁的對策當中，我最喜歡當背包客旅行。雖然我不是天天都在當背包客，但我永遠都記得那種旅行的節奏。我最喜歡背包旅行的一個慣例是船到橋頭自然直。在上坡路段，上山的旅人永遠都有路權。下山的旅人會走到路邊，讓上山的旅人安全通過。旅人揹的行囊很重、山路開發不夠時，這麼做尤其重要。

這個慣例通常是心照不宣，彼此或許會會心地點點頭，但如果你聽到對話，那幾乎一定是鼓勵：「這趟值得喔」、「快到了」、「前面不遠就是了」，或甚至只是說「上來吧，我們等你」。在健行過程中，幾乎都會碰到很多這類謙讓、善意與感恩的時刻。

山路禮儀也沒有社會階級或地位的考量。旅人有可能年長或年輕，老練或生嫩，有名或無名，裝備有可能新潮或破舊。但人人都遵守禮儀，尊重上山旅人的努力，雖然他們可能氣喘吁吁，身體無處不痠痛，可能也納悶自己怎麼又把時間花在這種事情上。但我當背包客這麼多年來，從來沒有見過有人在讓路或前進的時候失去耐性、不通情達理、沒有同理心、不和善。

作家與人道主義者艾利・魏瑟爾（Elie Wiesel）說：「對我來說，每個鐘頭都是恩典。」但願我們以個人或集體身分繼續前行時，能以善意和決心發現可以讓路和前進的所有那些時刻，看出如何避免造成傷害，清楚要如何明智地盡一分心力，培養在這一路上感激某件事的能力。

謝辭

我對喬許和我們的女兒們永遠心懷感謝，感謝我們生活在一起，感謝你們表現出始終不變的耐心，在我寫作期間展現了一貫的幽默。我也要感謝 Jeevan Sivasubramaniam 從未放棄對本書的期望，態度始終和藹。我對 Julie McCann 同樣不勝感激，沒有她，這本書不可能完成，她的寫作及編輯技巧、人生見解始終是我寫作時的恩典。康妮．柏克提出了深刻的建議，一路上帶給我源源不絕的鼓勵，因為有她，本書才能有所進展。謝謝Z陪著我，給我安慰。

在本書成書過程中付出心力的每個人，我深深感謝你們的寬宏與溫暖：Nate、Jay、Sarah、Buddy、Mary、Robin、Lonnie、Michael、Deborah、Kelsey、Tyler、ShaKiana、Dr. Goldman、Emmett、Abby、Nikki、Maria、Steven、Grace、Billie、Sadie、Evie、Sue、Karen、Lelan、Lili、Felix、Lily、Maddy、Wanjeri、Jonah、Maddie、Noor、Lori、Maya、Tony、Renée、Lia、Maya、Ella、Min、Kate、Xavier、Hannah、Zoë、Jacob、Dina、Deb、Tripat、Michelle、Jake、Tom、Melissa、Cesar、Rob、Toby、Dr. Amy、Lilly 一家、Trai Nghiem 姊妹、Allison 和 Matthew。Phil、

Tim、Maggie、Ingrid 和 Meg，你們犀利的建言是真正的禮物。我非常感激 Yuko、Jonita 與 Chris 賜予我本書封面。也要謝謝 Vance、Deepa、Berns 法官、Dr. Graff、Faisal 及 Françoise 的體貼話。謝謝 Addison 與 Miriam 用心校勘細節。《紐約客》（*The New Yorker*）的漫畫家，你們依舊讓我受惠良多。我非常感激 Helen Brantley 與貝瑞特—寇勒出版公司（Berrett-Koehler）整個團隊給我這個機會。Margarita 與 Samantha，我珍惜妳們一直以來的忠誠支持。

對多年來將《創傷管理》（*Trauma Stewardship*）這本書帶進生活的所有人，我衷心感謝各位。還有我的每一位老師、一同走過這段路的每個人……再多文字也表達不出我無盡的感激。

原文注釋

為求清晰，引自訪談的文字可能經過編輯與節錄。

第十三頁：Desmond Tutu, public lecture, Seattle, Washington.

第十九頁：Albert Camus, *The Rebel: An Essay on Man in Revolt*, trans. Anthony Bower (New York: Vintage Books, 1956).

導論

第二十四頁：Toni Morrison, "No Place for Self-Pity, No Room for Fear," *Nation*, March 23, 2015, https://www.thenation.com/article/no-place-self-pityno-room-fear/.

第二十六頁：Audre Lord, *A Burst of Light* (Ithaca, NY: Firebrand, 1988), quoted in Aisha Harris, "A History of Self-Care," CultureBox, *Slate*, April 5, 2017, http://www.slate.com/articles/arts/culturebox/2017/04/the_history_of_self_care.html.

第二十七頁：Terry Tempest Williams, *The Open Space of Democracy* (Eugene, OR: Wipf & Stock, 2004), 83.

第二十九頁：Saint Augustine, *Confessions*, Book 10, c. 397, quoted in Linda J.T., *Oceans of Wisdom* (Bloomington, IN: Balboa Press, 2013), 95.

第三十頁：Rick Hanson, "Relax, You're Going to Be Criticized," *Dr. Rick Hanson* (blog), accessed 02/06/18, http://www.rickhanson.net/relax-youre-going-to-be-criticized/.

第三十二頁：Joan Didion, "On Self-Respect: Joan Didion's 1961 Essay from the Pages of *Vogue*," *Vogue*, October 22, 2014, https://www.vogue.com/article/joan-didion-self-respect-essay-1961.

第三十三頁：Malcolm Gladwell, "Mr. Hollowell Didn't Like That," *Revisionist History*, podcast, season 2, episode 8, August 2, 2017, http://revisionisthistory.com/episodes/18-mr-hollowell-didnt-like-that. Transcript available at https://blog.simonsays.ai/mr-hollowell-didnt-like-that-with-malcolmgladwell-s2-e8-revisionist-history-podcast-7fe252e81f32.

第三十三頁："Dolores Huerta Biography," Biography.com, accessed 02/06/18, https://www.biography.com/people/dolores-huerta-188850.

第三十五頁：James Baldwin, *Nobody Knows My Name: More Notes of a Native Son* (New York: Dial Press, 1961), 154.

第三十六頁：Hafiz, *The Gift: Poems by Hafiz, the Great Sufi Master*, trans. Daniel Ladinsky (New York: Penguin Books, 1999), 328.

第三十六頁：Jack Kornfield, "Fear and Anger," *Jack Kornfield* (blog), accessed 02/06/18, https://jackkornfield.com/fear-and-anger/.

第三十八頁：Amanda Petrusich, "Headphones Everywhere," Cultural Comment, *New Yorker*, July 12, 2016, https://www.newyorker.com/culture/culturalcomment/headphones-everywhere.

第四十頁：Ursula K. Le Guin, *Words Are My Matter: Writings about Life and Books, 2000–2016* (Easthampton, MA: Small Beer Press, 2016), 48.

第一章

第四十三頁：Evan Osnos, "When Tyranny Takes Hold," *New Yorker*, December 19, 2016, https://www.newyorker.

com/magazine/2016/12/19/when-tyranny-takes-hold.

第四十三頁‥Joseph Folkman, "Feeling Overwhelmed? You Are Far from Alone," *Forbes*, July 23, 2015, https://www.forbes.com/sites/joefolkman/2015/07/23/feeling-overwhelmed-you-are-far-from-alone.

第四十三頁‥"'Depression: Let's Talk,' Says WHO, as Depression Tops List of Causes of Ill Health," Media Centre, World Health Organization, March 30, 2017, http://www.who.int/mediacentre/news/releases/2017/world-health-day/en/.

第四十四頁‥Benoit Denizet-Lewis, "Why Are More American Teenagers Than Ever Suffering from Severe Anxiety," *New York Times Magazine*, October 11, 2017.

第四十六頁‥Alyssa Mastromonaco, interview by Jon Favreau et al., "This Snowflake Is Enraged," *Pod Save America*, podcast, August 31, 2017, https://art19.com/shows/pod-save-america/episodes/ddda9e4e-dbe3-400bafb8-b125477ed92b.

第四十六頁‥Dr. Bessel van der Kolk, *The Body Keeps the Score: Brain, Mind, and Body in the Healing of Trauma* (New York: Viking, 2014), 86.

第五十頁‥"Parenting," The Gottman Institute, accessed 02/06/18, https://www.gottman.com/about/research/parenting/.

第五十一頁‥Katrina Yu, "Red Alert: Life Inside the Beijing Smog," Al Jazeera, January 5, 2016, http://www.aljazeera.com/indepth/features/2016/01/red-alert-life-beijing-smog-160104063026957.html.

第五十二頁‥"Flint Water Crisis Fast Facts," CNN, November 28, 2017, http://www.cnn.com/2016/03/04/us/flint-water-crisis-fast-facts/index.html.

第五十二頁‥Richard Louv, "No More 'Nature-Deficit Disorder': The 'No Child Left Inside' Movement," *Psychology Today*, January 28, 2009, https://www.psychologytoday.com/blog/people-in-nature/200901/no-more-nature-deficit-disorder.

第五十二頁：R. J. Mitchell et al., "Neighborhood Environments and Socioeconomic Inequalities in Mental Well-Being," *American Journal of Preventive Medicine* 49, no. 1 (July 2015): 80–84.

第五十三頁：Yuri Gama, "The Rise and Fall of an African American Inner City," Modern Cities, March 31, 2017, https://www.moderncities.com/article/2017-mar-the-rise-and-fall-of-an-african-american-inner-city/page/.

第五十三頁：Julia Craven, "Even Breathing Is a Risk in One of Orlando's Poorest Neighborhoods," *HuffPost,* January 23, 2018, https://www.huffingtonpost.com/entry/florida-poor-black-neighborhood-air-pollution_us_5a663a67e4b0e5630072746e.

第五十四頁：John Yarmuth, interview by DeRay Mckesson, "Navigating Identity and Navigating Justice," *Pod Save the People*, podcast, September 12, 2017, https://art19.com/shows/pod-save-the-people/episodes/a8393922-a802-4edb-9812-3369147b0bc5.

第二章

第五十五頁：Mark Epstein, "The Trauma of Being Alive," *New York Times,* August 3, 2013, http://www.nytimes.com/2013/08/04/opinion/sunday/the-trauma-of-being-alive.html.

第五十六頁：Angela Saini, "Epigenetics: Genes, Environment, and the Generation Game," *Guardian*, September 6, 2014, https://www.theguardian.com/science/2014/sep/07/epigenetics-heredity-diabetes-obesity-increased-cancer-risk.

第五十六頁：Donna Jackson Nakazawa, "Childhood, Disrupted," Aeon, July 7, 2015, https://aeon.co/essays/how-bad-experiences-in-childhood-lead-to-adult-illness.

第五十七頁：Seth D. Pollak, "Mechanisms Linking Early Experience and the Emergence of Emotions: Illustrations from the Study of Maltreated Children," *Current Directions in Psychological Science* 17, no. 6 (December 2008): 370–75.

第五十七頁："Can Trauma Be Passed to Next Generation through DNA?" NewsHour, PBS, video, August 31, 2015, http://www.pbs.org/newshour/extra/daily-videos/can-trauma-be-passed-to-next-generation-through-dna/.

第五十八頁：Tori Rodriguez, "Descendants of Holocaust Survivors Have Altered Stress Hormones," *Scientific American*, March 1, 2015, https://www.scientificamerican.com/article/descendants-of-holocaust-survivors-have-altered-stress-hormones/.

第五十八頁：Will Storr, "A Better Kind of Happiness," *New Yorker*, July 7, 2016, https://www.newyorker.com/tech/elements/a-better-kind-of-happiness.

第五十九頁：Maureen Trudelle Schwarz, *Molded in the Image of Changing Woman: Navajo Views on the Human Body and Personhood* (Tucson: University of Arizona Press, 1997), cited in Shea Robison, "Epigenetics before Epigenetics Was Cool?" *Nexus of Epigenetics* (blog), July 30, 2014, https://nexusofepigenetics.com/2014/07/30/epigenetics-before-epigentics-was-cool/.

第五十九頁：Saul Elbein, "The Youth Group That Launched a Movement at Standing Rock," *New York Times Magazine*, January 31, 2017.

第六十一頁：Annamarya Scaccia, "The Mental and Physical Trauma of 750,000 DACA Kids Living in Limbo," *Yes Magazine*, March 3, 2017, http://www.yesmagazine.org/peace-justice/the-mental-and-physical-trauma-of-dreamers-living-with-deportation-threats-20170303.

第六十一頁：Omer Karasapan, "Syria's Mental Health Crisis," *Brookings* (blog), April 25, 2016, https://www.

brookings.edu/blog/future-development/2016/04/25/syrias-mental-health-crisis/.

第六十三頁：The Sentencing Project, *Report of the Sentencing Project to the United Nations Human Rights Committee*, August 2013, http://sentencingproject.org/wp-content/uploads/2015/12/Race-and-Justice-Shadow-Report-ICCPR.pdf.

第六十三頁："School-to-Prison Pipeline," ACLU, accessed 02/06/18, https://www.aclu.org/issues/racial-justice/race-and-inequality-education/school-prison-pipeline.

第六十三頁：Peter Wagner and Bernadette Rabuy, "Mass Incarceration: The Whole Pie 2017," Prison Policy Initiative, March 14, 2017, https://www.prisonpolicy.org/reports/pie2017.html.

第六十三頁：Alison Walsh, "The Criminal Justice System Is Riddled with Racial Disparities," *Prison Policy Initiative* (blog), August 15, 2016, https://www.prisonpolicy.org/blog/2016/08/15/cjrace/.

第六十三頁：Joshua Rovner, "Disproportionate Minority Contact in the Juvenile Justice System," Sentencing Project, May 1, 2014, http://www.sentencingproject.org/publications/disproportionate-minority-contact-in-the-juvenile-justice-system/.

第六十三頁：Carla Amurao, "Fact Sheet: How Bad Is the School-to-Prison Pipeline?" Tavis Smiley Reports, PBS, accessed 02/06/18, http://www.pbs.org/wnet/tavissmiley/tsr/education-under-arrest/school-to-prison-pipeline-fact-sheet/ (page deleted).

第六十四頁：Penal Reform International, *Global Prison Trends 2016*, May 2016, https://cdn.penalreform.org/wp-content/uploads/2016/05/Global_prison_trends_report_2016.pdf, 16.

第六十四頁：Dawn-Lyen Gardner, interview by DeRay Mckesson, "Navigating Identity and Navigating Justice," *Pod Save the People*, podcast, September 12, 2017, https://art19.com/shows/pod-save-the-people/episodes/a8393922-a802-4edb-9812-3369147b0bc5.

第六十六頁：“2015 Sleep in America™ Poll Finds Pain a Significant Challenge When It Comes to Americans' Sleep,” National Sleep Foundation, March 2, 2015, https://sleepfoundation.org/media-center/press-release/2015-sleep-america-poll.

第六十七頁：Matthew Walker, interview by Terry Gross, “Sleep Scientist Warns Against Walking through Life 'in An Underslept State,'” *Fresh Air*, NPR, October 16, 2017, https://www.npr.org/templates/transcript/transcript.php?storyId=558058812.

第六十七頁：Wayne Caswell, “Sleep Statistics from *Sleepless in America*,” *Modern Health Talk* (blog), April 18, 2015, http://www.mhealthtalk.com/sleepless-in-america/.

第六十七頁：“Why Do We Need Sleep?” National Sleep Foundation, accessed 02/06/18, https://sleepfoundation.org/excessivesleepiness/content/why-do-we-need-sleep.

第六十八頁：馬修・卡特（Matthew Carter）與本書作者的私下談話，二〇一七年九月六日。

第六十八頁：Eric Fanning, interview by Tommy Vietor, “North Korea Update Then the Army's CEO,” *Pod Save the World*, podcast, September 1, 2017, https://art19.com/shows/pod-save-the-world/episodes/e7f7eb7d-6f24-4764-817c-f0dc8b21aa9f.

第六十八頁：Brian Krans, “Balanced Diet,” Healthline, February 12, 2016, https://www.healthline.com/health/balanced-diet#Overview1.

第六十九頁：Tom Hanks, interview by Terry Gross, “Tom Hanks Says Self-Doubt Is 'a High-Wire Act That We All Walk,'” *Fresh Air*, NPR, April 26, 2016, https://www.npr.org/templates/transcript/transcript.php?storyId=475573489.

第六十九頁：Lenny Bernstein, “Why Do We Still Eat This Way?” *Washington Post*, August 4, 2014, https://www.washingtonpost.com/news/to-your-health/wp/2014/08/04/why-do-we-still-eat-this-way/.

第六十九頁：“Eating Processed Foods,” NHS [UK], January 6, 2017, https://www.nhs.uk/Livewell/Goodfood/Pages/what-are-processed-foods.aspx.

第六十九頁：Derek Bryan, “Reasons People Eat Junk Food Instead of Healthy Food,” LIVESTRONG, October 3, 2017, https://www.livestrong.com/article/392358-reasons-why-people-eat-junk-food-over-healthy-food/.

第六十九頁：“Food Deserts,” Centers for Disease Control and Prevention, accessed 02/06/18, https://www.cdc.gov/features/FoodDeserts/index.html.

第七十頁：J. Gabriel Ware, “Black Neighbors Band Together to Bring in Healthy Food, Co-op-Style,” *Yes Magazine*, September 11, 2017, http://www.yesmagazine.org/people-power/black-neighbors-band-together-to-bring-in-healthy-food-co-op-style-20170911.

第七十頁：“What Is Food Justice,” Just Food, accessed 02/06/18, http://justfood.org/advocacy/what-is-food-justice.

第七十一頁：Mike Lindblom, “Washington Distracted-Driving Law Has Driver Wondering if They Can Still Drink Coffee on the Road,” *Seattle Times*, July 27, 2017, https://www.seattletimes.com/seattle-news/transportation/washington-distracted-driving-law-has-drivers-wondering-if-they-can-still-drink-coffee-on-the-road/.

第七十一頁：Jean Twenge, “Have Smartphones Destroyed a Generation?” *Atlantic*, September 2017.

第七十二頁：Julianne Holt-Lunstad, “Why Loneliness Is a Public Health Threat,” *Fortune*, August 7, 2017, http://fortune.com/2017/08/07/lonelinesspublic-health/.

第七十五頁：傑克・康菲爾德（Jack Kornfield）與作者的私下談話。

第八十頁：Sheila Nevins, interview by Alec Baldwin, “HBO’s Sheila Nevins Makes Docs Hot,” *Here’s the Thing*, podcast, September 5, 2017, https://www.wnycstudios.org/story/hbos-sheila-nevins-makes-docs-hot/.

第八十一頁：“Vacation Leave,” U.S. Department of Labor, accessed 02/06/18, https://www.dol.gov/general/

topic/workhours/vacation_leave.

第八十一頁：Lydia Dishman, "How U.S. Employee Benefits Compare to Europe's," *Fast Company*, February 17, 2016, https://www.fastcompany.com/3056830/how-the-us-employee-benefits-compare-to-europe.

第八十一頁：Quentin Fottrell, "The Sad Reason Half of Americans Don't Take All Their Paid Vacation," *MarketWatch*, May 28, 2017, https://www.marketwatch.com/story/55-of-american-workers-dont-take-all-their-paid-vacation-2016-06-15.

第八十一頁：Project: Time Off, *The State of American Vacation: How Vacation Became a Casualty of Our Work Culture*, 2016, https://www.projecttimeoff.com/sites/default/files/PTO_SoAV%20Report_FINAL.pdf.

第八十二頁：Colleen Story, "Cerebral Congestion—How It Ruins Your Work in Progress," *Writing and Wellness* (blog), March 18, 2014, http://www.writingandwellness.com/2014/03/18/cerebral-congestion-how-it-ruins-your-work-in-progress/.

第八十二頁："New Survey Reveals Extent, Impact of Information Overload on Workers; From Boston to Beijing, Professionals Feel Overwhelmed, Demoralized," LexisNexis, October 20, 2010, https://www.lexisnexis.com/en-us/about-us/media/press-release.page?id=128751276114739.

第八十三頁：Dr. William I. Robinson, "The 'Great Recession of 2008' and the Continuing Crisis: A Global Capitalism Perspective," *International Review of Modern Sociology* 38, no. 2 (Autumn 2012): 169–98.

第八十三頁：John Yarmuth, interview by DeRay Mckesson, "Navigating Identity and Navigating Justice," *Pod Save the People*, podcast, September 12, 2017, https://art19.com/shows/pod-save-the-people/episodes/a8393922-a802-4edb-9812-3369147b0bc5.

第八十六頁："The Science Is Settled," Climate Reality Project, accessed 02/06/18, https://www.climaterealityproject.org/climate-101.

第八十六頁：Steve Inskeep, “Despite Climate Change Setbacks, Al Gore ‘Comes Down on the Side of Hope,’” *Morning Edition*, NPR, July 24, 2017, https://www.npr.org/2017/07/24/538391386/despite-climate-change-setbacks-al-gore-comes-down-on-the-side-of-hope.

第八十六頁：Chris D’Angelo, “Climate Change Has ‘Loaded the Dice’ on the Frequency of 100-Year Floods,” *HuffPost*, August 30, 2017, https://www.huffingtonpost.com/entry/100-year-flood-climate-change_us_59a6eaa3e4b084581a14ea14.

第八十六頁：Julie Beck, “Constant Anxiety Won’t Save the World,” *Atlantic*, August 17, 2017, https://www.theatlantic.com/health/archive/2017/08/constant-anxiety-wont-save-the-world/537132/.

第八十六頁：Josh Fox, interview by Alec Baldwin, “Josh Fox,” *Here’s the Thing*, podcast, July 8, 2013, https://www.wnycstudios.org/story/299366-josh-fox/.

第三章

第九十四頁：Adam Gopnik, “Talking to Kids about Trump’s Victory,” *New Yorker*, November 9, 2017, https://www.newyorker.com/news/news-desk/talking-to-kids-about-trumps-victory.

第九十四頁：史提夫・汪達（Stevie Wonder），現場表演，白河露天劇院，華盛頓歐本，二〇〇八年七月十一日。

第九十四頁：Quoted by Gary Snyder, interview with Peter Barry Chowka, *East West Journal*, June 1977.

第九十七頁：傑克・康菲爾德（Jack Kornfield）與作者的私下談話。

第一〇〇頁：Parker J. Palmer, *A Hidden Wholeness: The Journey toward an Undivided Life* (San Francisco: Jossey-Bass, 2009), 5.

第一〇一頁：Jean-Paul Sartre, *Saint Genet: Actor and Martyr*, trans. Bernard Frechtman (Minneapolis: University of Minnesota Press, 2012), 584.

第一〇四頁：James Clear, "This Coach Improved Every Tiny Thing by 1 Percent and Here's What Happened," *James Clear* (blog), accessed 02/06/18, https://jamesclear.com/marginal-gains.

第一〇五頁：Timothy Ferriss, *Tools of Titans: The Tactics, Routines, and Habits of Billionaires, Icons, and World-Class Performers* (New York: Houghton Mifflin, 2016), 627.

第四章

第一〇八頁：Aldous Huxley, *Brave New World Revisited* (New York: Harper, 1958).

第一〇九頁：Paul Lewis, "'Our Minds Can Be Hijacked': The Tech Insiders Who Fear a Smartphone Dystopia," *Guardian*, October 6, 2017, https://www.theguardian.com/technology/2017/oct/05/smartphone-addiction-silicon-valley-dystopia.

第一一〇頁："The Mere Presence of Your Smartphone Reduces Brain Power, Study Shows," *UT News*, June 26, 2017, https://news.utexas.edu/2017/06/26/the-mere-presence-of-your-smartphone-reduces-brain-power.

第一一〇頁：Rebecca Coxon, "Overwhelming Technology Disrupting Life and Causing Stress New Study Shows," Mental Healthy, accessed 02/06/18, http://www.mentalhealthy.co.uk/news/568-overwhelming-technology-disrupting-life-and-causing-stress-new-study-shows.html.

第一一一頁：Andrew Hough, "Student 'Addiction' to Technology 'Similar to Drug Cravings', Study Finds," *Telegraph*, April 8, 2011, http://www.telegraph.co.uk/technology/news/8436831/Student-addiction-to-technology-similar-to-drug-cravings-study-finds.html.

第一一一頁：Stephen Colbert, interview by Terry Gross, "'Late Show' Host Says He Has Finally Found His Post-'Colbert Report' Voice," *Fresh Air*, NPR, November 2, 2016, https://www.npr.org/templates/transcript/transcript.php?storyId=500303201.

第一一一頁：Clint Smith, interview by DeRay Mckesson, "Navigating Identity and Navigating Justice," *Pod Save the People*, podcast, September 12, 2017, https://art19.com/shows/pod-save-the-people/episodes/a8393922-a802-4edb-9812-3369147b0bc5.

第一一三頁：Benoit Denizet-Lewis, "Why Are More American Teenagers Than Ever Suffering from Severe Anxiety," *New York Times Magazine*, October 11, 2017.

第一一三頁：Glynis Ratcliffe, "The Teen Anxiety Epidemic: Social Media Is Here to Stay but at What Cost?" *ParentMap*, September 18, 2017, https://www.parentmap.com/article/teen-anxiety-epidemic.

第一一五頁：Alan Watts, *Does It Matter? Essays on Man's Relation to Materiality* (New York: Pantheon, 1970).

第一一五頁：Rick Hanson, "Feel Already Full," *Dr. Rick Hanson* (blog), accessed 02/06/18, http://www.rickhanson.net/feel-already-full/.

第一一七頁：Maria Popova, "Leonard Bernstein on Cynicism, Instant Gratification, and Why Paying Attention Is a Countercultural Act of Courage and Rebellion," *Brain Pickings* (blog), October 3, 2016, https://www.brainpickings.org/2016/10/03/dinner-with-lenny-leonard-bernstein-jonathan-cott/.

第一一八頁：James Baldwin, *Notes of a Native Son* (Boston: Beacon Press, 1955).

第一一八頁：Martha C. Nussbaum, *Anger and Forgiveness: Resentment, Generosity, Justice* (Oxford: Oxford University Press, 2016).

第一一九頁：Dr. Richard Davidson, personal communication with author and Marianne Spoon. November 8, 2017.

第一二〇頁：John Feal, interview by Terry Gross, "Sept. 11 First Responder Fights on Behalf of Others Who

Rushed to Help," *Fresh Air*, NPR, September 11, 2017, https://www.npr.org/templates/transcript/transcript.php?storyId=550094607.

第一二一頁：Jon Lovett, "Trump's Emotional Affair," *Lovett or Leave It*, podcast, September 16, 2017, https://art19.com/shows/lovett-or-leave-it/episodes/039f8a30-41b5-49ae-9f7a-c9523d8b4cb0.

第一二三頁：NPR/Robert Wood Johnson Foundation/Harvard School of Public Health, *The Burden of Stress in America*, 2014, accessed 02/06/18, https://www.rwjf.org/content/dam/farm/reports/surveys_and_polls/2014/rwjf414295.

第一二四頁：John O'Donohue, *Beauty: The Invisible Embrace* (New York: HarperCollins, 2004).

第一二五頁：Willa Paskin, "Secret Agent Mandy," *New York*, September 9, 2012, http://nymag.com/arts/tv/fall-2012/mandy-patinkin-2012-9/.

第一二五頁：Julie Beck, "Constant Anxiety Won't Save the World," *Atlantic*, August 17, 2017, https://www.theatlantic.com/health/archive/2017/08/constant-anxiety-wont-save-the-world/537132/.

第一二六頁：Mohsin Hamid, interview by Terry Gross, "From Refugees to Politics, Mohsin Hamid Writes the Change He Wants to See," *Fresh Air*, NPR, March 8, 2017, https://www.npr.org/templates/transcript/transcript.php?storyId=519217991.

第一二八至一三〇頁：Paul Lewis, "'Our Minds Can Be Hijacked': The Tech Insiders Who Fear a Smartphone Dystopia," *Guardian*, October 6, 2017, https://www.theguardian.com/technology/2017/oct/05/smartphone-addiction-silicon-valley-dystopia.

第一三一頁：Karen Young, "The Science of Gratitude—How It Changes People, Relationships (and Brains!) and How to Make It Work for You," *Hey Sigmund* (blog), accessed 02/06/18, https://www.heysigmund.com/the-science-of-gratitude/.

第一三二頁：Jesse Walker, Amit Kumar, and Thomas Gilovich, "Cultivating Gratitude and Giving through Experiential Consumption," *Emotion* 16, no. 8 (December 2016): 1126–36.

第一三二頁：Emily Gersema, "Researchers Design a Study to Track Gratitude," *USC News*, October 19, 2015, https://news.usc.edu/87605/researchers-design-a-brain-scan-study-to-track-gratitude/.

第一三二頁：Colin Warner, interview by DeRay Mckesson, "On Their Shoulders," *Pod Save the People*, podcast, August 22, 2017, https://art19.com/shows/pod-save-the-people/episodes/3e2dc899-ab55-4e26-8bd9-5982c1c20256.

第一三三頁：Dalai Lama, Desmond Tutu, and Douglas Abrams, *The Book of Joy: Lasting Happiness in a Changing World* (New York: Avery, 2016).

第一三四頁：Maria Popova, "John Steinbeck on Good and Evil, the Necessary Contradictions of the Human Nature, and Our Grounds for Lucid Hope," *Brain Pickings* (blog), December 30, 2016, https://www.brainpickings.org/2016/12/30/john-steinbeck-new-year/.

第一三七頁：Richard Elman, review of *A Rap on Race*, by Margaret Mead and James Baldwin, *New York Times*, June 27, 1971.

第五章

第一四二頁：Sheryll Cashin, interview by Terry Gross, "50 Years Later, 'Loving' Revisits the Landmark Supreme Court Ruling," *Fresh Air*, NPR, June 5, 2017, https://www.npr.org/2017/06/05/531578449/50-years-later-loving-revisits-the-landmark-supreme-court-ruling.

第一四九頁：Giancarlo Esposito, interview by Terry Gross, "'Better Call Saul' Actor Giancarlo Esposito on the

"Making of an Iconic Villain," *Fresh Air*, NPR, June 7, 2017, https://www.npr.org/templates/transcript/transcript.php?storyId=531840764.

第一四九頁：Maria Popova, "The Science of How Our Minds and Our Bodies Converge in the Healing of Trauma," *Brain Pickings* (blog), June 20, 2016, https://www.brainpickings.org/2016/06/20/the-body-keeps-the-score-van-der-kolk/.

第一五〇頁：Linda Sparrowe, "Transcending Trauma: How Yoga Heals," Yoga International, accessed 02/06/18, https://yogainternational.com/article/view/transcending-trauma-how-yoga-heals.

第一五〇頁：B. Rael Cahn et al., "Yoga, Meditation and Mind-Body Health: Increased BDNF, Cortisol Awakening Response, and Altered Inflammatory Marker Expression after a 3-Month Yoga and Meditation Retreat," *Frontiers in Human Neuroscience*, 11 (June 26, 2017): 315.

第一五一頁：Bruce Springsteen, *Born to Run* (New York: Simon and Schuster, 2016).

第一五一頁：Kirsten Weir, "The Exercise Effect," *Monitor on Psychology* 42, no. 11 (December 2011): 48.

第一五一頁："Benefits of Exercise," NHS [UK], accessed 02/06/18, https://www.nhs.uk/Livewell/fitness/Pages/Whybeactive.aspx.

第一五二頁："What Is Exercise Is Medicine," Exercise Is Medicine, http://www.exerciseismedicine.org/support_page.php/about/.

第一五三頁：Jennifer Welsh, "Scientists Have Finally Found the First Real Reason We Need to Sleep," Business Insider, October 17, 2013, http://www.businessinsider.com/the-first-real-reason-we-need-to-sleep-2013-10.

第一五三頁：Lulu Xie et al., "Sleep Drives Metabolite Clearance from the Adult Brain," *Science*, October 18, 2013, 373–77.

第一五四頁：Juyoung Lee et al., "Influence of Forest Therapy on Cardiovascular Relaxation in Young Adults,"

Evidence-Based Complementary and Alternative Medicine 2014 (2014). http://doi.org/10.1155/2014/834360.

第一五四頁：Rahawa Haile, "'Forest Bathing': How Microdosing on Nature Can Help with Stress," *Atlantic*, June 30, 2017, https://www.theatlantic.com/health/archive/2017/06/forest-bathing/532068/.

第一五四頁：Maya Shetreat-Klein, "The Dirt Cure," PCC Community Markets, September 2017, https://www.pccmarkets.com/sound-consumer/2017-09/the-dirt-cure/.

第一五五頁：Tik Root, "Doctors Are Prescribing Park Visits to Boost Patient Health," *National Geographic*, June 29, 2017, https://news.nationalgeographic.com/2017/06/parks-prescribes-doctors-health-environment/.

第一五五頁：James Hamblin, "The Nature Cure," *Atlantic*, October 2015.

第一五六頁：Seth and Jane Chang, "Research Compiled by NEEF," January 2016, https://docs.google.com/document/d/1L1SsvK3grr-Fk0QBdBpzSM4cJXiJManiGhDtV-__EA/edit.

第一五七頁：Sy Montgomery, "Psychological Effects of Pets Are Profound," *Boston Globe*, January 12, 2015, https://www.bostonglobe.com/lifestyle/2015/01/12/your-brain-pets/geoJHAfFHxrwNS4OgWb7sO/story.html.

第六章

第一六二頁：釋一行講經。

第一六七頁：Bryan Stevenson, Seattle Arts & Lectures, Benaroya Hall, Seattle, Washington. March 28, 2017.

第一六八頁：Benoit Denizet-Lewis, "Why Are More American Teenagers Than Ever Suffering from Severe Anxiety," *New York Times Magazine*, October 11, 2017.

第一六九頁：John O'Donohue, *Conamara Blues* (New York: Harper Perennial, 2004).

第一七〇頁：Ken Burns, interview by Marc Maron, "Ken Burns and Lynn Novick," *WTF with Marc Maron*, podcast, September 11, 2017, http://www.wtfpod.com/podcast/episode-845-ken-burns-lynn-novick.

第一七〇頁：Doug Lute, interview by Tommy Vietor, "War Policy," *Pod Save the World*, podcast, September 6, 2017, https://art19.com/shows/pod-save-the-world/episodes/50262131-5c49-4c41-9852-ee699bc7ef71.

第一七一頁：Thomas L. Friedman, "How to Get a Job at Google," *New York Times*, February 22, 2014.

第一七二至一七四頁：私人家庭檔案。

第一七四頁：Cory Booker, "Commencement Address," University of Pennsylvania, May 15, 2017, transcript available at http://time.com/4779661/senator-cory-booker-new-jersey-university-of-pennsylvania-upenn/.

第一七五頁：Rebecca Solnit, *Hope in the Dark: Untold Histories, Wild Possibilities* (New York: Nation Books, 2004).

第一七六頁：Scott Horton, "Merton—the Value of Essential Works," *Browsings* (blog), *Harper's Magazine*, January 23, 2010, https://harpers.org/blog/2010/01/merton-the-value-of-essential-works/.

第一七七頁：Kevin Jon Heller, "How to Prosecute a War Criminal," *New Yorker Radio Hour*, WNYC, April 15, 2016, ttps://www.wnyc.org/story/how-prosecute-war-criminal-rerun/.

第一七七頁：Anne Barnard, Ben Hubbard, and Ian Fisher, "As Atrocities Mount in Syria, Justice Seems Out of Reach," *New York Times*, April 15, 2017, https://www.nytimes.com/2017/04/15/world/middleeast/syria-bashar-alassad-evidence.html.

第一七七頁：Maria Popova, "Rosanne Cash on How Science Saved Her Life, the Source of Every Artist's Power, and Her Beautiful Reading of Adrienne Rich's Tribute to Marie Curie," *Brain Pickings* (blog), May 2, 2017, https://www.brainpickings.org/2017/05/02/rosanne-cash-adrienne-rich-marie-curie/.

第一七八頁：Elizabeth Kolbert, "Why Facts Don't Change Our Minds," *New Yorker*, February 27, 2017.

第一七八頁：Steven Sloman and Philip Fernbach, *The Knowledge Illusion: Why We Never Think Alone* (New York:

Riverhead Books, 2017).

第一七八頁：Walt Whitman, "Song of Myself," *Leaves of Grass: The Original 1855 Edition* (Nashville, TN: American Renaissance Books, 2009), 63.

第一七九頁：Sara Gorman and Jack Gorman, *Denying to the Grave: Why We Ignore the Facts That Will Save Us* (New York: Oxford University Press, 2017).

第一七九頁：Bill Moyers, interview by Terry Gross, "Bill Moyers on Working with LBJ to Pass Medicare 52 Years Ago," *Fresh Air*, NPR, August 3, 2017, https://www.npr.org/2017/08/03/541278161/bill-moyers-on-working-with-lbj-to-pass-medicare-52-years-ago.

第一七九頁："Read Laurie Anderson's Moving Rock Hall Speech for Lou Reed, "*Rolling Stone*, April 19, 2015, https://www.rollingstone.com/music/news/read-laurie-andersons-moving-rock-hall-speech-for-lou-reed-20150419.

第一八〇頁：Carl Sagan, *The Demon-Haunted World: Science as a Candle in the Dark* (New York: Ballantine, 1996).

第七章

第一八三頁：Matthew Walker, interview by Terry Gross, "Sleep Scientist Warns Against Walking through Life 'in an Underslept State,'" *Fresh Air*, NPR, October 16, 2017, https://www.npr.org/ templates/transcript/transcript.php?storyId=558058812.

第一八四頁："Why Do We Sleep Anyway?" Healthy Sleep, http://healthysleep.med.harvard.edu/healthy/matters/benefits-of-sleep/why-do-we-sleep.

第一八六頁：John Tierney, "Do You Suffer from Decision Fatigue?" *New York Times Magazine*, August 17, 2011.

第一八九頁：Larry Chang, comp. and ed. *Wisdom for the Soul: Five Millennia of Prescriptions for Spiritual Healing* (Washington, DC: Gnosophia, 2006), 234.

第一九〇頁：Peter Berg, interview by Dave Davies, "'Deepwater Horizon' Director on the BP Oil Spill and the 'Addictive Dance' for Fuel," *Fresh Air*, NPR, September 26, 2016, https://www.npr.org/2016/09/26/495467460/deepwater-horizon-director-on-the-bp-oil-spill-and-the-addictive-dance-for-fuel.

第一九二頁：Cleve Jones, interview by Terry Gross, "LGBTQ Activist Cleve Jones: 'I'm Well Aware How Fragile Life Is'," *Fresh Air*, NPR, November 29, 2016, https://www.npr.org/templates/transcript/transcript.php?storyId=503724044.

第一九二頁：Thich Nhat Hanh, *Call Me by My True Names: The Collected Poems of Thich Nhat Hanh* (Berkeley, CA: Parallax Press, 1999).

第一九三頁：Matt Fitzgerald, *How Bad Do You Want It?* (Boulder, CO: VeloPress, 2015).

第一九三頁：Nick Heil, "Why Mindfulness Is Your New Secret Weapon," *Outside*, March 22, 2016, https://www.outsideonline.com/2063611/why-mindfulness-your-new-secret-weapon.

第一九四頁：Sarah Wightman, "What Limits Endurance Performance? The Science of Fatigue," *Flying Runner* (blog), April 21, 2017, https://www.flyingrunner.co.uk/science-of-fatigue/.

第一九四頁：Sam Murphy, "Science of Suffering," *Runners World*, August 12, 2016, https://www.runnersworld.co.uk/training/science-of-suffering.

第一九六頁：Ralph Waldo Emerson, "Merlin's Song," *Poems* (Boston: Houghton Mifflin, 1904), 219.

第一九八頁：Bruce Springsteen, *Born to Run* (New York: Simon and Schuster, 2016), 359.

第一九八頁：Gus Lubin, "Psychologists: Awesomeness Is Good for You," Business Insider, June 5, 2012, http://www.businessinsider.com/psychologists-awesomeness-is-good-for-you-2012-6.

第一九九頁：Bryan Stevenson, Seattle Arts & Lectures, Benaroya Hall, Seattle, Washington. March 28, 2017.

第二〇二頁：William Faulkner, speech at the Nobel Banquet, December 10, 1950, Stockholm, transcript available at https://www.nobelprize.org/nobel_prizes/literature/laureates/1949/faulkner-speech.html.

第二〇三頁：Aldous Huxley, *Music at Night and Other Essays* (New York: Fountain Press, 1931).

第二〇三頁：Michael Paulson, "'Hamilton' and Heartache: Living the Unimaginable," *New York Times*, October 13, 2016.

第二〇八頁：Nick Paumgarten, "Life Is Rescues: Looking for Trouble with a National Team of Emergency-Response Volunteers," *New Yorker*, November 9, 2015.

第二一〇頁：Yanan Wang, "A Compassionate Judge Sentences a Veteran to 24 Hours in Jail, Then Joins Him behind Bars," *Washington Post*, April 22, 2016, https://www.washingtonpost.com/news/morning-mix/wp/2016/04/22/a-judge-sentences-a-veteran-to-24-hours-in-jail-then-joins-him-behind-bars/.

第二一〇頁：Martin Buber, *Pointing the Way: Collected Essays* (Humanity Books: New York, 1999), 28, quoted in Israel Koren, *The Mystery of the Earth: Mysticism and Hasidism in the Thought of Martin Buber* (Brill: Leiden, The Netherlands, 2010), 148.

第二一一頁：Robert Brault, "Who Wrote Enjoy the Little Things....?," *New Robert Brault Reader* (blog), accessed 02/06/18, http://rbrault.blogspot.com/p/who-wrote-enjoy-little-things.html.

第八章

第二一五頁：Jack Kornfield, "The Zen of an Aching Heart," *Jack Kornfield* (blog), accessed 02/06/18, https://jackkornfield.com/zen-aching-heart/.

第二一八頁：Tim Krieder, "The 'Busy' Trap," *Opinionator* (blog), *New York Times*, June 30, 2012, https://opinionator.blogs.nytimes.com/2012/06/30/the-busy-trap/.

第二一八頁：Joe Berlinger, interview by Alec Baldwin, "Joe Berlinger," *Here's the Thing*, podcast, January 16, 2012, https://www.wnycstudios.org/story/176623-joe-berlinger/.

第二一九頁：Jack Kornfield, *The Wise Heart: A Guide to the Universal Teachings of Buddhist Psychology* (New York: Bantam, 2008).

第二二一頁："Dinos Christianopoulos Quotes," Goodreads, https://www.goodreads.com/quotes/7370898-they-tried-to-bury-us-they-didn-t-know-we-were.

第二二三頁：康妮・柏克（Connie Burk）與作者的私下談話，二〇一七年，華盛頓州西雅圖。

第二二六頁：釋一行講經。

結語

第二三二頁："Oprah Talks to Elie Wiesel," *O, The Oprah Magazine*, November 2000, http://www.oprah.com/omagazine/oprah-interviews-elie-wiesel/all.

國家圖書館出版品預行編目資料

什麼時候心才能不那麼累：與長期的身心壓力和好／蘿拉・李普斯基
（Laura van Dernoot Lipsky）著　謝汝萱 譯. -- 初版. -- 臺北市：
商周出版：家庭傳媒城邦分公司發行, 民108.04
面：　公分
譯自：The Age of Overwhelm: Strategies for the Long Haul
ISBN 978-986-477-644-3（平裝）
1. 壓力　2.生活指導
176.54　　108003851

什麼時候心才能不那麼累：與長期的身心壓力和好

原著書名／The Age of Overwhelm: Strategies for the Long Haul
作者／蘿拉・李普斯基（Laura van Dernoot Lipsky）
譯者／謝汝萱
企畫選書／林宏濤
責任編輯／林宏濤、楊如玉

版權／林心紅
行銷業務／李衍逸、黃崇華
總經理／彭之琬
發行人／何飛鵬
法律顧問／元禾法律事務所　王子文律師
出版／商周出版
城邦文化事業股份有限公司
臺北市中山區民生東路二段141號9樓
電話：(02) 2500-7008 傳眞：(02) 2500-7759
E-mail：bwp.service@cite.com.tw
Blog：http://bwp25007008.pixnet.net/blog
發行／英屬蓋曼群島商家庭傳媒股份有限公司城邦分公司
臺北市中山區民生東路二段141號2樓
書虫客服服務專線：02-25007718・02-25007719
24小時傳眞服務：02-25001990・02-25001991
服務時間：週一至週五09:30-12:00・13:30-17:00
郵撥帳號：19863813　戶名：書虫股份有限公司
讀者服務信箱E-mail：service@readingclub.com.tw
歡迎光臨城邦讀書花園 網址：www.cite.com.tw
香港發行所／城邦（香港）出版集團有限公司
香港灣仔駱克道193號東超商業中心1樓
電話：(852) 25086231　傳眞：(852) 25789337
馬新發行所／城邦(馬新)出版集團 Cité (M) Sdn. Bhd.
41, Jalan Radin Anum, Bandar Baru Sri Petaling,
57000 Kuala Lumpur, Malaysia
電話：(603)90578822　傳眞：(603) 90576622

封面設計／李東記
排版／新鑫電腦排版工作室
印刷／高典印刷有限公司
經銷商／聯合發行股份有限公司
電話：(02) 29178022　傳眞：(02) 29110053
地址：新北市231新店區寶橋路235巷6弄6號2樓

■2019年（民108）4月初版1刷
定價 360元

Printed in Taiwan
城邦讀書花園
www.cite.com.tw

ISBN 978-986-477-644-3